Neuigkeiten

aus

Deutschland

2019/20

 Andrea Raab
Toshiko Ishii

ASAHI Verlag

はじめに

　本書は、ドイツ語を学びながらドイツの最新情報を知ってもらおうという意図で毎年編まれているもので、1993年から始まり今回が28冊目になります。今のドイツを知りたいけれど、かといってドイツの新聞や雑誌を読むには力が足りないという学習者たちから、初級読本と原書の中間レベルのテキストとして好評をいただいています。

　25周年を迎えた際に、さらに多くのドイツ語学習者の皆さんに読んでいただきたいと願い、大幅な変更を加えました。その年1年のトピックスに限らず、最近数年間の興味深いニュースを取り上げ、テーマも広範囲に様々な分野から選びました。文体もジャーナリスティックではなくエッセイ風のドイツ語に代え、より読み易くなりました。今回はドイツ統一30周年や新型コロナウィルス感染症拡大など特別な出来事があったので、通常1章見開き2ページのところを変更し、分量の多い章があります。

　時事的なニュースはどうしても「難しい」と思われがちなので、少しでも取り組み易いように年々工夫を重ねています。長文読解のテクニックで、知らない単語だからと頭から辞書を引きまくるのではなく、まず「誰（何）が」「どうした」か、つまり主語と動詞を把握できると、ある程度予測がついて読み易くなります。また文法や語彙は、じっくり落ち着いて見てみると初級の知識を応用すれば理解できるものばかりなのですが、一番難しいのはニュースの背景がわからないと読みこなせないところでしょう。

　これはドイツ語力というよりは理解力の問題なので、このテキストをきっかけに自発的に問題意識を呼び起こし、知識や考え方を広げていただきたいと思います。最近ではドイツの情報もインターネットで手軽に得られますので、各章の解説や脚注を参考に、どんどん教養を深めて下さい。テキストを読みながらドイツやドイツ語に興味を持ち、少しでも身近に感じていただければ幸いです。

2021年1月

アンドレア・ラープ
石井寿子

Neuigkeiten aus Deutschland 2019/20
Inhaltsverzeichnis

KAPITEL 1

Vom geteilten Deutschland zur Wiedervereinigung

東ドイツ当局による
ベルリンの壁建設（1961年）

ドイツ再統一を祝い、国会議事堂前に
集まる市民たち（1990年10月3日）

ドイツ分断から統一へ

1990年10月3日東西ドイツが統一されました。どうして2つに分けられ、また1つに戻れたのか、統一30周年を迎えるにあたり、振り返ってみましょう。

第二次世界大戦の戦勝4か国は、無条件降伏したドイツをとりあえず4つに分けて占領し、健全な法治国家を再建するよう協力してドイツを指導することになりました。ところが冷戦の影響で意見がまとまらず、そのまま占領状態を続けるわけにもいかなかったので、西側3か国の占領地区から西ドイツが、ソ連の占領地区から東ドイツが作られ、2つに分断されてしまったのです。

当初は自由に行き来できましたが、次第に両ドイツの間で経済格差が大きくなり、豊かな生活を求めて東から西へ移る人の流出を止めるため、東西ベルリン・東西ドイツの国境に壁が築かれて、以来基本的に東の人は一歩も西側に出られなくなりました。冷戦が想像以上に長引き、分断の歴史は40年続きました。

それが1つに戻れたのはソ連共産党書記長に就任したゴルバチョフのおかげです。彼のペレストロイカ政策を受けて共産主義の東欧諸国で一斉に民主化運動が盛んになりました。東ドイツも同様で、自由を求めてデモに参加する人の数が日に日に増え、国民のパワーがベルリンの壁を無血で崩壊させました。

壁が開くとデモの要求はドイツ統一へと変化しました。どのように統一するかをめぐり意見が分かれましたが、選挙の結果「早い統一」が国民の民意であることが証明されました。東ドイツが西ドイツの憲法である基本法を受け入れると宣言し、東ドイツが西ドイツに組み込まれるという形で1つにもどったのです。

それから30年、外観だけでなく心の統一を成し遂げるため、様々な努力がされてきました。まだ若干格差が残っているものの、国民の大半が「統一して良かった」と思っており、壁崩壊後に生まれた世代が社会を担う年齢になって、統一は順調に進んでいます。

1 Vom geteilten Deutschland zur Wiedervereinigung

🎧 1-02 🎧 1-03
ナチュラル ゆっくり

Es sind Bilder[1], die man nicht vergisst: Als am 9. November 1989 nach 40 Jahren deutscher Teilung[2] die Berliner Mauer fiel, war es wie ein Dammbruch. Massenhaft drängten sich Bürger aus Ostberlin durch die Grenzübergänge der Stadt in den Westen zur „größten Wiedersehensfeier des 20. Jahrhunderts"[3]. Am 3. Oktober 1990 wurde die deutsche Einheit[4] 5 vollzogen. Nun, 30 Jahre später, feiert Deutschland das Jubiläum seiner Wiedervereinigung und die friedliche Revolution[5], die dazu geführt hat.

ベルリンの壁に座って
壁崩壊を喜ぶ若者たち

1　Bilder「光景」。1989 年 11 月 9 日東ベルリン市内 7 か所にある国境検問所に市民が殺到し、検問所の開放を夜通し祝った。誰もかれもが抱き合い、多くの人々が壁（幅約 1m）によじのぼって立ち、つるはしで壁を壊し始める人もいた。当時の Honecker 東独首相が同年 1 月 19 日の演説で「この先百年は存在する」と言っていたベルリンの壁が、わずか 10 か月後に崩壊するとは誰も信じられなかった

2　deutsche Teilung「ドイツ分断」。2 つのドイツが建国されたのは 1949 年で 40 年間続いた。当時は東西間で自由に行き来ができたが、1961 年にベルリンの壁が築かれ、以来東の人々は特別な許可がない限り基本的に一歩も西側に出られなくなった

3　die größte Wiedersehensfeier des 20. Jahrhunderts「20 世紀最大の再会祝」。11 月 17 日付の Die Zeit の社説 „Oh Freiheit! Kehrst Du zurück?" で編集長 Theo Sommer が用いた言葉。Astrid Eckert の記事 (Der andere Mauerfall – Die Öffnung der innerdeutschen Grenze 1989, bpb) から引用している

4　die deutsche Einheit「ドイツ統一」。1990 年 10 月 3 日東ドイツ人民議会（国会）が西ドイツの基本法（憲法）を受け入れると宣言し、東独が西独に組み込まれるという形でドイツ統一が成立した

5　die friedliche Revolution「平和革命」。ベルリンの壁崩壊からドイツ再統一に至るまで一滴の血も流れず「無血革命」と呼ばれる。Leipzig の月曜デモに対し Honecker 首相は武力鎮圧を命じたが、現地の治安当局は応じなかった。11 月 9 日も国境警備隊は発砲することなく独自の判断で検問所を開けた

1-04

1 Der Weg zur Teilung Deutschlands

Das nationalsozialistische Deutschland[6] hatte den Zweiten Weltkrieg 1-05
verloren. Der 8. Mai 1945 ist das Datum der bedingungslosen
Kapitulation[7]. Nun kontrollierten die Alliierten[8] UdSSR, USA,
Großbritannien und Frankreich das besiegte Deutschland — jede
5 Siegermacht[9] das Gebiet, das sie besetzt hatte. Auch in der Hauptstadt
Berlin gab es vier Sektoren[10]. Ursprünglich wollten die Alliierten
Deutschland gemeinsam regieren. Dazu kam es nicht. Das lag an den
unterschiedlichen politischen Systemen der Siegermächte. Frankreich, die
USA und Großbritannien wollten Deutschland nach demokratischen
10 Prinzipien formen, die UdSSR strebte einen sozialistischen Staat nach
sowjetischem Vorbild an. Deshalb wurden 1949 zwei deutsche Staaten[11]
gegründet: Die Deutsche Demokratische Republik (DDR)[12] im Osten war
zwar namentlich eine Demokratie, praktisch jedoch lag die

---

6   **das nationalsozialistische Deutschland**「ナチスドイツ」。ナチ党（国家社会主義ドイツ労働者党、
    NSDAP）党首 Hitler が 1933 年首相になり、1945 年まで独裁政治を行った

7   **die bedingungslose Kapitulation**「無条件降伏」。Hitler が自殺直前に後継者に任命した Dönitz が
    降伏を指揮。ドイツ国防軍代表が 1945 年 5 月 7 日フランス領ランス、8 日ベルリンで降伏文書に署名
    した。無条件降伏で、ドイツ人による国家権力は一時的に消滅した

8   **die Alliierten**「連合国」。ソ連（UdSSR = Union der Sozialistischen Sowjetrepubliken）、アメリカ、
    イギリス、フランスの戦勝 4 か国がドイツの戦後を指導し、健全な法治国家に再建させることになった。
    占領統治はしたが、ドイツを併合するつもりはなかった

9   **jede Siegermacht**「各戦勝国」。大戦中の取り決め（ヤルタ会談）に従い、まず Hitler が侵攻を開始
    する前の領土状態に国境線を戻し、ドイツを 4 分割して戦勝 4 か国が占領した

10 **vier Sektoren**「4 地区」。Berlin は地理的には完全にソ連の占領地区内にあったが、首都で主要な町だ
    ったので 4 か国で共同統治する特別地区とされ、Berlin 自体も 4 分割して戦勝 4 か国が占領した

11 **zwei deutsche Staaten**「2 つのドイツ人国家」。冷戦のあおりでポツダム会談が決裂し、占領状態を
    続けるわけにもいかなかったので、西側 3 か国の占領地区とソ連の占領地区から 2 つのドイツが建国さ
    れた。ドイツ国民は戦勝国の指示を受け入れたが、あくまで一時的措置だと思っていた

12 **die Deutsche Demokratische Republik**「ドイツ民主共和国（略して DDR）」。ベルリンも西側 3 か国
    の占領地区から西ベルリンが、ソ連の占領地区から東ベルリンができ、東独は東ベルリンを首都とした

uneingeschränkte Macht bei der Staatspartei, der SED[13]. Auf dem
Besatzungsgebiet der Westmächte entstand ein demokratischer und 15
sozialer Bundesstaat, die Bundesrepublik Deutschland (BRD)[14]. Die
Gründungsväter[15] beider Staaten hatten von Anfang an eine
Wiedervereinigung Deutschlands im Sinn. Deshalb nannte die BRD ihre
Verfassung vorläufig „Grundgesetz"[16]. Der Begriff "Verfassung" sollte erst
im zukünftigen Gesamtdeutschland wieder verwendet werden. Auch Bonn 20
als Hauptstadt war als Übergangslösung[17] gedacht. Die ehemalige
Reichshauptstadt Berlin lag nämlich wie eine Insel mitten im Staatsgebiet
der DDR. Der Westteil gehörte zur BRD. Der Ostteil war zugleich die
Hauptstadt der DDR. Die DDR-Bürger hatten keine Reisefreiheit[18]. Um sie

an der Flucht in den Westen zu  25
hindern, errichtete das SED-
Regime eine Mauer durch Berlin
entlang der Zonengrenze[19]. Eine
Wiedervereinigung war damals
kaum vorstellbar.

---

13 **SED** (= Sozialistische Einheitspartei Deutschlands)「ドイツ社会主義統一党」。1946 年 KPD「ドイツ
  共産党」と SPD「ドイツ社会民主党」が合併してできた党で、反対勢力を排除し、東独で一党独裁政
  治を行った。KPD 出身の Pieck が初代大統領、SPD 出身の Grotewohl が初代首相に就任した
14 **die Bundesrepublik Deutschland (BRD)**「ドイツ連邦共和国」。1949 年第 1 回連邦議会選挙で
  CDU/CSU「キリスト教民主・社会同盟」が第 1 党となり、CDU 総裁の Adenauer が初代首相に就任し
  た。大統領には FDP の Haus が選ばれた
15 **die Gründungsväter**「建国の父たち」。両ドイツ共に「戦勝国の指導に従い 2 つに分かれるがドイツ
  はあくまで一つ」と考え、再統一を目指した。しかし双方が提唱した方策には大きな隔たりがあった
16 **„Grundgesetz"**「基本法」、西ドイツの憲法。„Verfassung"「憲法」は再統一してから使うべき言
  葉だとしてあえて避け、それまでの暫定的な国の基本方針を定めた法という意味で「基本法」と呼んだ
17 **Übergangslösung**「暫定措置」。西ベルリンは東ドイツの真中にあり西ドイツの首都にできなかったが、
  再統一した時に Berlin に戻しにくくならないよう大きな町を避け、あえて小さな村 Bonn を首都にした
18 **Reisefreiheit**「旅行の自由」。1949 年の時点では壁はなく、当時ユートピア思想だった共産主義に憧
  れ西から東に移住した人もいた。たとえば Saarland 出身の Honecker 東独首相もその一人
19 **die Zonengrenze**「(東西) ゾーンの境」。資本主義の西ドイツと共産主義の東ドイツで次第に経済格
  差が大きくなり、豊かな生活を求めて西へ移る人の流れを食い止めるため 1961 年東ドイツ政府はベル
  リンの壁の建設を指示した

1-06

2 Von der Teilung bis zum Mauerfall

Die beiden deutschen Staaten waren politisch, gesellschaftlich und 1-07
wirtschaftlich völlig verschieden. Die DDR gehörte zu den sozialistischen
bzw. kommunistischen Staaten unter der Führung der Sowjetunion, zum
sogenannten Ostblock[20]. Die BRD war einer der westlichen
5 demokratischen Staaten unter der Führung der USA. Die beiden
Machtblöcke standen sich im *Kalten Krieg*[21] feindlich gegenüber.

Vierzig Jahre lang lebten die Deutschen in diesen gegensätzlichen 1-08
Systemen. Die BRD erlebte mit der *sozialen Marktwirtschaft*[22] ein
„Wirtschaftswunder"[23]. Der Wohlstand wuchs. Aber auch Krisen musste
10 das Land bewältigen: die Öl- und Wirtschaftskrise, eine hohe
Arbeitslosigkeit und linksextremistischen Terror[24]. Es gab viele Proteste
für Frieden, Umweltschutz und Gleichberechtigung sowie gegen
Aufrüstung und Atomkraft[25].

---

20 der Ostblock「東側諸国、共産主義陣営」。冷戦中ソ連とその衛星国（ブルガリア、ルーマニア、ハンガリー、チェコスロヴァキア、東ドイツ、ポーランド、アルバニア）を指して使われた言葉
21 der *Kalte Krieg*「冷戦」。殺戮には至らないが激しく敵対している状態で、第二次世界大戦後のソ連を盟主とする東側の共産・社会主義国家と、アメリカを盟主とする西側の資本・自由主義国家の対立を指す
22 die *soziale Marktwirtschaft*「社会的市場経済」。市場の自由競争メカニズムを基盤としつつも、社会的秩序は国家が強力に施策する経済体制。いわば資本主義と社会主義の融合形で、経済学者 Alfred Müller-Armack が 1946 年に提唱し、初代経済相 Ludwig Erhard が戦後西ドイツに導入した
23 Wirtschaftswunder「奇跡の経済復興」。社会的市場経済は社会保障制度（医療・年金・失業・労災・介護保険）を基盤とする。額面給与の 40％を国庫にプールし、社会的弱者を国が支える体制を整えている。この制度があったからこそドイツは福祉を充実させることができた
24 die Öl- und Wirtschaftskrise「オイルショック」1973 年産油国の石油価格引き上げにより生じた世界的経済危機、eine hohe Arbeitslosigkeit「失業」1980 年代不況で史上最悪の失業率を記録、linksextremistischer Terror「極左テロ」1970 年代 RAF（ドイツ赤軍）や RZ（革命細胞）によるテロ犯罪が横行した。市場経済は自由競争を容認するため、相場の変動や貧富の差も生ずる
25 Frieden「平和」、Umweltschutz「環境保護」、Gleichberechtigung「平等」、Aufrüstung「軍縮」、Atomkraft「原発」。言論の自由が認められている西ドイツの人々は、デモによりさかんに意思表示をした

In der sozialistischen DDR lenkte die SED als Staatspartei Politik, Gesellschaft und Wirtschaft. Die „zentrale Planwirtschaft"[26] führte zu 15 mangelhafter Versorgung der Bürger. Unterdrückung, politische Verfolgung und Unfreiheit waren an der Tagesordnung. Am 17. Juni 1953 protestierte eine Million DDR-Bürger gegen die politischen und wirtschaftlichen Verhältnisse. Der Volksaufstand[27] wurde von der Sowjetarmee gewaltsam niedergeschlagen. Immer wieder versuchten 20 Menschen, in den Westen zu fliehen. Aber Selbstschussanlagen, Minen, Stacheldraht und die Berliner Mauer[28] sicherten die Grenze zur BRD. Zu Beginn der 80er-Jahre wurden Forderungen nach Reformen und demokratischen Grundrechten immer lauter. Unter dem Dach der Kirchen[29] sammelten sich Friedens-, Umwelt- und Menschenrechtsgruppen[30].

25

1953年6月17日の「東ベルリン暴動」の様子

---

26 **die zentrale Planwirtschaft**「中央集権的な計画経済」。国民の格差をなくし平等に利益を分配するため、経済資源を市場のメカニズムに任せるのではなく、中央政府が国家の物財バランスに基づく計画によって配分する体制。実際には国民の需要と供給を計画的にコントロールするのは不可能で、計画経済の失敗が共産圏の崩壊を招いた。80年代に入ると60才以上の老人の西側移住を許可し、年金支給の国家支出を軽減しようとするほど東ドイツの経済はひっぱくした

27 **der Volksaufstand**「民衆蜂起」。1953年6月17日東ドイツで、労働ノルマの10%引き上げに抗議するデモが大規模な民衆蜂起に発展。政府退陣、自由選挙、秘密警察廃止、政治犯釈放など政治的要求へと拡大した。ソ連軍戦車が出動し鎮圧されたが、このデモでの死者総数は少なくとも55人といわれている。衝突現場のBrandenburg門以西のUnter den Linden通りは「6月17日通り」と呼ばれた

28 **Selbstschussanlagen**「自動発砲装置」、**Minen**「地雷」、**Stacheldraht**「有刺鉄線」、**die Berliner Mauer**「ベルリンの壁」。「東西ドイツ及びベルリンの境界で命を落とした者は全体で943人にのぼる」と言われるが、1961～63年の壁建設の初期段階で把握されていない部分もあり、その数は定かではない。厳しい国境警備に国民は従う以外になかったが、旅行の自由を求める国民の要求は次第に高まっていった

29 **unter dem Dach der Kirchen**「教会の庇護のもとで」。東ドイツ憲法は信仰の自由を保証していた。しかし政府は信仰が反体制運動に発展するのを恐れ、教会やキリスト教徒を冷遇した。特に若者を宗教から遠ざけようとし、キリスト教徒になると大学進学や出世に悪影響が出た

30 **Friedens-, Umwelt- und Menschenrechtsgruppen**「平和、環境、人権グループ」。毎週教会内で開かれていた平和集会が発展して外を行進するようになり、ベルリンの壁を突き崩すきっかけとなった

Unterdessen leitete Michail Gorbatschow[31] mit *Glasnost* und 🎧 [1-10]

30 *Perestroika*[32] eine Reform des sozialistischen Systems in der Sowjetunion

ein. Andere kommunistisch regierte Staaten in Osteuropa folgten seinem

Vorbild, nicht aber die DDR-Staatsführung[33]. Im Sommer 1989 flohen

DDR-Bürger massenweise über Ungarn und die Tschechoslowakei[34] in den

Westen. Die friedlichen „Montagsdemonstrationen"[35] in Leipzig erhöhten

35 den Druck auf die DDR-Regierung zusätzlich. Die reagierte mit

Zugeständnissen: Am 9. November 1989 wurden in einer

Pressekonferenz[36] neue Reisefreiheiten verkündet. Daraufhin strömten

Tausende Ostdeutsche zu den Grenzübergängen nach Westberlin. Die

Grenzsoldaten[37] öffneten die

40 Tore – ohne Befehl. Damit war

der Weg in den Westen frei und

der Weg zur deutschen Einheit

beschritten.

ミハイル・ゴルバチョフ

31 Michail Gorbatschow「ミハイル・ゴルバチョフ」(1931 年ロシア Priwolnoje 生まれ）。1985 年ソ
連共産党書記長に就任。リベラルな考えの持ち主で、それまでの秘密主義を続けていたら絶対に行きづ
まると判断した。冷戦を終結させたが、結果的に共産党の一党独裁とソ連の国自体を崩壊へと導いた

32 *Glasnost*「グラスノスチ（情報公開）」、*Perestroika*「ペレストロイカ（改革）」。Gorbatschow が断
行したソ連の政治経済の抜本的改革。これに影響を受け、東欧圏の国々で一斉に民主化革命が始まった

33 die DDR-Staatsführung「東独政府」。民主化革命は 1989 年 6 月ポーランドの自由選挙に始まり、次々
と他の東欧諸国に広がったが、東ドイツは Honecker 首相が一党独裁体制に固執し動かなかった

34 Ungarn「ハンガリー」1989 年 5 月オーストリアとの国境を開放、die Tschechoslowakei「チェコス
ロバキア」亡命を望む東独市民がプラハの西ドイツ大使館に殺到

35 die „Montagsdemonstrationen"「月曜デモ」。Leipzig のニコライ教会で毎週月曜に行われていた
平和集会が自由化を求めるデモに発展。他の東独都市にも広がり、参加者の数も膨大に増えて壁崩壊に
つながった。暴力行為はいっさいなく、平和的に行進するだけだったので、治安警察も武力介入しなか
った

36 eine Pressekonferenz「記者会見」。Schabowski 報道官が記者会見で Klenz 首相の「新旅行法」に関
するメモをよく読まずに発表。外国人記者の「いつから施行されるのか」という質問に「ただちにです」
と答えてしまい、テレビ・ラジオでそれを知った市民が確認しようとベルリンの壁に殺到した

37 die Grenzsoldaten「国境警備員」。全く指令を受けていない検問所の係員たちは、上官に現状を報告
し対処の仕方を求めたが全く埒があかず、暴動に発展する恐れがあったため、独自の判断で検問ゲート
を開放した

3 Vom Mauerfall bis zur Wiedervereinigung

Nach dem Fall der Mauer gingen die Montagsdemonstrationen in der DDR weiter. Nun verlangten die Menschen auf den Straßen jedoch noch mehr als vorher, die Einheit Deutschlands[38] nämlich. Der damalige Bundeskanzler der BRD, Helmut Kohl,[39] handelte schnell. Noch im November legte der „Kanzler der Einheit" zur Überraschung für das In- und Ausland ein 10-Punkte-Programm[40] vor. Damit sollte die Zusammenführung der beiden deutschen Staaten gelingen.

Für die deutsche Einheit war aber die Zustimmung aller Siegermächte des Zweiten Weltkriegs nötig. So war es auf der Potsdamer Konferenz[41] 1945 festgelegt worden. Frankreich, Großbritannien und die Sowjetunion reagierten erst ablehnend. Einerseits waren sie in den Prozess nicht einbezogen worden. Andererseits fürchteten sie ein neues und starkes Deutschland in der Mitte Europas. Diese Bedenken konnte Deutschland zerstreuen. Es erkannte die deutsch-polnische Grenze[42] als endgültige Ostgrenze an und akzeptierte Beschränkungen im Wehrbereich[43]. US-Präsident George H. W. Bush[44] machte seine Zustimmung davon abhängig,

---

38 die Einheit Deutschlands「ドイツ統一」。壁崩壊前のデモのスローガンは国民の主権を求め „Wir sind das Volk."「我々が国民だ」だったが、壁崩壊後には „Wir sind ein Volk."「我々は一つの国民だ」に変わり、ドイツを1つにもどすよう要求した

39 Helmut Kohl「ヘルムート・コール」(1930-2017)。史上最長となる16年間 (1982〜98年) 連邦首相を務めた。東西ドイツ再統一という偉業を成し遂げ、der „Kanzler der Einheit"「統一首相」と呼ばれる

40 ein 10-Punkte-Programm「10項目プログラム」。東ドイツを人道的・経済的に支援し、州制度を導入させて一挙に統一するという計画。壁崩壊直後に Kohl 首相が発表し、統一に向けた迅速な動きに皆驚いた

41 die Potsdamer Konferenz「ポツダム会談」。1945年米英ソ首脳がドイツの処遇を決めた会談。占領状態が終わったら戦勝4か国の合意を得てドイツを1つに戻し、ドイツ人に自治権を返すことになっていた

42 die deutsch-polnische Grenze「ドイツとポーランドの国境線」。Kohl 首相は Oder/Neiße 川以東の元ドイツ領を放棄すると宣言し、統一ドイツに領土拡大の野心はないことを証明した

43 Beschränkungen im Wehrbereich「軍事制約」。統一ドイツの国防軍は核・生物・化学兵器を持たず、規模を縮小すると約束することにより、ドイツが強大化する懸念を払しょくした

44 George H. W. Bush「ジョージ・H.W.ブッシュ」(1924-2018)。1989年第41代アメリカ大統領に就任。統一ドイツがアメリカを盟主とする NATO（北大西洋条約機構）に残ることを条件に再統一を支援した

dass das geeinte Deutschland Mitglied der NATO sein würde. Letztendlich machte also der sowjetische Staatschef Michail Gorbatschow den Weg zur deutschen Einheit frei: Er erlaubte den Deutschen, frei darüber zu

20 entscheiden, zu welchem Verteidigungsbündnis[45] sie gehören wollten. Dafür sollte Deutschland der Sowjetunion Wirtschaftshilfen gewähren.

Inzwischen hatten sich die Bürger der DDR in den ersten und letzten freien Volkskammerwahlen[46] ihres Staates für westliche Demokratie und soziale Marktwirtschaft entschieden. Seit Juli 1990 waren BRD und DDR

25 bereits durch eine Währungs-, Wirtschafts- und Sozialunion[47] miteinander verbunden. Im August 1990 schlossen BRD und DDR einen Einigungsvertrag[48]. Schließlich kamen am 12. September 1990 in Moskau die Außenminister von BRD, DDR, Sowjetunion, USA, Frankreich und Großbritannien zusammen und unterzeichneten den *Zwei-Plus-Vier-*

30 *Vertrag*[49]. Am 3. Oktober 1990 trat die DDR dem Geltungsbereich des Grundgesetzes[50] bei. Es wurde also gar keine neue Verfassung ausgearbeitet. Berlin war wieder die Hauptstadt der Bundesrepublik Deutschland und damit des gesamten, wiedervereinigten Deutschlands. Der 3. Oktober ist seitdem ein Nationalfeiertag[51]: der Tag der Deutschen Einheit.

---

45 Verteidigungsbündnis「軍事同盟」。Gorbatschow はソ連への経済援助を条件に、統一ドイツの NATO 加盟を容認した。ソ連が盟主のワルシャワ条約機構は 1991 年解散して消滅し、元加盟国のうちバルト三国を除く旧ソ連国（ロシア、ベラルーシ、ウクライナ、モルドバなど）以外はすべて NATO に加わった

46 die Volkskammerwahlen「人民議会選挙」。1990 年 4 月東独初の自由直接選挙による人民議会選挙が行われた。「速い統一」を求める党が圧倒的勝利をおさめ、これが東ドイツ国民の民意であると証明された

47 eine Währungs-, Wirtschafts- und Sozialunion「通貨・経済・社会同盟」。5 月に東西ドイツの通貨、経済、社会を統合する条約が結ばれ、Kohl 首相はこれを「自由で統一されたドイツ誕生の瞬間」と呼んだ

48 ein Einigungsvertrag「統一条約」。8 月に調印され、この中で東ドイツ側から「統一ドイツの首都は Berlin にする」という条件が出された。西ドイツはこれを了承したが首都機能も Bonn から移すか否かは、統一してから決めることになった

49 der *Zwei-Plus-Vier-Vertrag*「2 プラス 4 条約」。東西ドイツと戦勝 4 か国が調印し、第二次大戦後連合国がドイツに対して持っていた権利が失効してドイツが完全な主権を取り戻した

50 der Geltungsbereich des Grundgesetzes「基本法の適用領域」。「基本法の適用範囲をドイツ連邦共和国の領土とする」という規定にのっとり、東ドイツが西ドイツの憲法を受け入れる形で再統一が成立した

51 ein Nationalfeiertag「国民の祝日」当初はベルリンの壁が崩壊した 11 月 9 日が候補に挙がっていたが、1923 年のヒトラー・ルーデンドルフ一揆、1938 年の水晶の夜が起こった日でもあるので却下された

4 Deutschland wächst zusammen

1-16　Die Geschichte von der deutschen Wiedervereinigung klingt wie ein Märchen mit einem Happy End. Aber sie ist noch gar nicht fertig geschrieben. „Die Form der Einheit ist gefunden", hatte der damalige Bundespräsident Richard von Weizsäcker[52] gesagt. „Nun gilt es, sie mit Inhalt und Leben zu erfüllen"[53]. Daran arbeitet Deutschland jetzt seit 30 Jahren. 5

1-17　Der erste Freudentaumel nach der Wiedervereinigung wich bald der Ernüchterung. Für die Ostdeutschen hatte sich das Leben radikal verändert. Bis heute hat es aber noch nicht die gleiche Qualität wie das der Westdeutschen. Zwar wurden Städte saniert, die Infrastruktur, das Gesundheitssystem und der Umweltschutz[54] verbessert. Die Industrie 10 wächst. Aber es gibt noch viel zu tun. Das Einkommen und die Renten sind in Ostdeutschland niedriger, die Arbeitslosigkeit höher. Die Wirtschaftskraft ist geringer als im Westen. Große Unternehmen fehlen. Spitzenjobs in Deutschland sind meist mit Westdeutschen besetzt. Solche Ungleichheiten können ein Grund dafür sein, dass der Rechtspopulismus[55] 15 in den neuen Bundesländern[56] stärker ausgeprägt ist als in den alten.

52　Richard von Weizsäcker「リヒャルト・フォン・ヴァイツゼッカー」(1920-2015)。1954 年 CDU 党員となり、1969 年から連邦議会議員。1981 ～ 84 年西ベルリン市長を務め、1984 年 Kohl 政権下で第 6 代ドイツ連邦大統領に就任した。国内外で人格者として評価が高く、1985 年 40 回目の終戦記念日で行った名演説は有名。在任中 ||ベルリンの壁が崩壊し、統一ドイツ最初の大統領として 1990 年の統一式典を迎えた

53　„Die Form der Einheit ist gefunden. Nun gilt es, sie mit Inhalt und Leben zu erfüllen."「統一の形は整った。今やその形に中味と命を満たす時だ。」東西に分断された 40 年間の隔たりは極めて大きく、地理的には一つになっても心の統一には時間がかかるだろうということは容易に予測できた

54　die Infrastruktur「インフラ」、das Gesundheitssystem「医療体制」、der Umweltschutz「環境保護」。まず東側の基本的な社会施設を整備し、制度や生活環境を西側と同じレベルに引き上げた。たとえば東ドイツの自動車 Travant は西側の排ガス規制を満たさないため製造中止になった

55　der Rechtspopulismus「右翼大衆主義」。EU からの脱退を求める右翼政党 AfD (Alternativ für Deutschland:「ドイツのための選択肢」) は、旧東ドイツ 4 州の州議会で第 2 党となっている

56　die neuen Bundesländer「新連邦州＝旧東ドイツ」。統一にあたり旧東ドイツは 5 つの新しい州 (Brandenburg, Mecklenburg-Vorpommern, Sachsen-Anhalt, Sachsen, Thüringen) に行政区分された

Klischees und Vorurteile[57] zeigen, wie fremd sich Ost- und 🎧 1-18
Westdeutsche anfangs waren. Sie nannten sich „Wessi" und „Ossi" oder
noch abwertender „Besserwessi" und „Jammerossi"[58]. Die Bewohner des
20 Westens wurden als überheblich wahrgenommen, die des Ostens als immer
unzufrieden. Heute hört man diese Bezeichnungen nicht mehr so oft. Die
Mehrheit der Deutschen in West und Ost – besonders die jüngeren
Menschen – bewerten die Wiedervereinigung insgesamt als gut[59]. Die
Angleichung der Lebensverhältnisse braucht Zeit, das Zusammenwachsen
25 der Menschen ebenso. Schließlich hinterlassen die 40 Jahre, die sie in
unterschiedlichen Systemen gelebt haben, ihre Spuren. Aus gemeinsamen
Erlebnissen aber wird gemeinsame Geschichte. Der Historiker Frank
Bösch[60] weist darauf hin, dass die Erinnerung an erlebte Geschichte etwa
drei Generationen umfasst[61]. So lange könnte es auch dauern, bis das
30 Kapitel DDR wirklich Vergangenheit ist und bis die dann gemeinsam
erlebte Geschichte die Geschichte aller Bürger der Bundesrepublik ist.

---

57 **Klischees**「決まり文句」、**Vorurteile**「偏見」。統一直後、お互いを侮蔑的に „Wessi"「西の連中」、
„Ossi"「東の連中」と呼び合い、考え方や習慣の違いから生ずる誤解やいざこざが絶えなかった
58 „**Besserwessi**"「自分の方が常に上だと思っている西の連中」besser は gut「良い」の比較級、
„**Jammerossi**"「文句ばかり言っている東の連中」Jammer は「嘆き」
59 **gut**「良い」(対語：schlecht)。ZDF（ドイツ第二テレビ）のニュース番組 heute のコーナー
Deutschland-Bilanz「ドイツ決算」で、キャスターの Christiane Hübscher が「東西のドイツ人たちは
お互いをどう思っているか」というアンケート調査の結果を報告した。それによると「総じて再統一し
て良かったかと思うか」という問いに対し、旧東ドイツの59%、旧西ドイツの68%の人が「良かった」
と答えた
60 **Frank Bösch**「フランク・ベッシュ」(1969 年 Lübeck 生まれ)。20 世紀のヨーロッパ史を専門とする
歴史学者で、2011 年から Potsdam 大学の教授
61 „**Die Erinnerung an erlebte Geschichte umfasst etwa drei Generationen.**"「体験した歴史の
記憶は 3 世代残る。」Deutsche Welle の記者 Marcel Fürstenau が書いた記事「東ドイツ：失敗した独
裁実験」の取材で Bösch にインタビューし、このように答えている

Übungen

I 次の動詞の3基本形を書きましょう。

(1) entstehen　(2) wachsen　(3) weitergehen　(4) beitreten　(5) schreiben

II 下線部の動詞を、使われている時制で人称変化させましょう。

(1) Es sind Bilder, die man nicht <u>vergisst</u>.

(2) Im August 1990 <u>schlossen</u> BRD und DDR einen Einigungsvertrag.

(3) Der erste Freudentaumel <u>wich</u> bald der Ernüchterung.

III 次の名詞句を1〜4格まで変化させましょう。

(1) das besiegte Deutschland　(2) andere kommunistisch regierte Staaten

(3) der Zweite Weltkrieg　(4) die neuen Bundesländer

IV 下線部に適切な前置詞を補いましょう。

(1) Das lag ___ den politischen Systemen der Siegermächte.

(2) Die Gründungsväter beider Staaten hatten eine Wiedervereinigung Deutschlands __m Sinn.

(3) Die Planwirtschaft führte ___ mangelhafter Versorgung.

(4) Er machte seine Zustimmung da___ abhängig.

(5) Die Erinnerung ___ erlebte Geschichte umfasst drei Generationen.

V 本文の内容と一致しているものに×をつけましょう。

☐ (1) Berlin wurde nur von den USA besetzt.

☐ (2) Die Grenzsoldaten öffneten die Tore ohne Befehl.

☐ (3) Bush wollte, dass das geeinte Deutschland Mitglied der NATO wird.

☐ (4) Die Hauptstadt der DDR war Potsdam.

☐ (5) Die Ostdeutschen leben jetzt genauso gut wie die Westdeutschen.

KAPITEL 2

Musik für alle Menschen und Zeiten – Ludwig van Beethoven

デュッセルドルフ州会議のロビーにある、祝賀アート「BTHVN2020」の文字

時と場所を超えた音楽 —ベートーヴェン生誕 250 年

　2020年はベートーヴェンの生誕250年にあたり、様々な記念イベントが企画されていましたが、新型コロナウィルスの影響で中止・延期を余儀なくされました。それでも国連が環境保護をテーマにした交響曲第6番田園の演奏動画を募集したり、ベートーヴェンが遺したスケッチをもとに人工知能を使って交響曲第10番を完成させたりと、オンラインでこの世界的作曲家の生誕を祝う試みが行われました。

　日本では毎年年末に交響曲第9番を演奏するのが恒例になっています。この作品は編成が大規模で、フルオーケストラ、4人のソリスト、100人以上の大合唱の出演が求められ、音楽家たちが正月の餅代を稼ぐのに最適だったため、年末の演目に好んで選ばれました。シラーの詩「歓喜の歌」を高らかに歌い上げ、1年を締めくくるのにふさわしいということもあります。

　日本における初演は1918年で、鳴門市にあった板東俘虜収容所においてドイツ兵捕虜により全曲演奏されました。第一次世界大戦終結後、日英同盟の関係から中国で捕虜になったドイツ兵を受け入れることになり、日本各地に収容所が設置されましたが、板東俘虜収容所は規制が緩やかで、捕虜たちの文化活動や住民との交流が許されていたのです。今でも鳴門では毎年6月の第一日曜日を「第九の日」に定め、演奏会を開催しています。

　ベートーヴェンがこの作品を完成したのは1824年で、完全に聴力を失っていました。初演ではリズムを決める補佐として指揮者の横に立ちましたが、演奏が終わった時「失敗した」と思い落ち込んでいたところ、ソリストが客席の方を振り向かせ、大成功に気づきました。250年の歳月を経ても世界中で愛され、演奏されるとは思いもよらなかったでしょう。

2 Musik für alle Menschen und Zeiten – Ludwig van Beethoven

🎧 1-20   Im Jahr 2020 feiern wir den 250. Geburtstag[1] von Ludwig van Beethoven. Er hat der Menschheit unvergleichliche Musik geschenkt und mit seiner Kunst Grenzen und Zeiten[2] überwunden. Seine Musik berührt die Herzen von Menschen aus den unterschiedlichsten Ländern und Kulturen. Auch in Japan hat er seinen Platz. Der Chor der 9. Sinfonie[3] ist 5 hier ein fester Bestandteil der Neujahrsfeierlichkeiten.

🎧 1-21   Geboren wurde Beethoven wohl im Dezember 1770 in Bonn. Sein Vater erkannte das Talent des Sohnes und wollte mit Strenge und Härte aus dem Kind ein Wunderkind[4] wie Wolfgang Amadeus Mozart[5] machen. Tatsächlich gab Ludwig sein erstes Konzert mit sieben Jahren. 1792 zog er 10 nach Wien. Schon in jungen Jahren bahnte sich die Tragödie seines Lebens an[6]: Er wurde schwerhörig und war mit 48 Jahren taub. Trotzdem komponierte er weiter. Er hat uns ein großartiges, reiches Spätwerk hinterlassen. Insgesamt stammen rund 340 Werke aus seiner Feder: Sinfonien, Klavierkonzerte, Streichquartette, Klaviersonaten, seine 15

---

1   der 250. Geburtstag 「生誕 250 周年」。Beethoven の誕生日は実は記録に残っておらず定かではないが、1770 年 12 月 17 日に Bonn の St.-Remigius-Kirche で洗礼を受けているので、おそらく 12 月 16 日 Bonngasse 515（現在は 20）の自宅で生まれたと推測される

2   Grenzen und Zeiten 「国境と時代　時空間の隔たり」。音楽史的にはウィーン古典派を絶頂期に導き、次のロマン派への先駆けを果たしたと言われている

3   der Chor der 9. Sinfonie 「交響曲第 9 番（略称：第九）の合唱」。4 楽章からなる第九の最終章は合唱付きで日本では非常に人気があり、年末になると各地で第九が演奏される風習がある

4   ein Wunderkind 「神童」。父親の Johann van Beethoven (1740-1792) は Bonn の宮廷楽団のテノール歌手で、Ludwig に厳しい英才教育を施した。Köln の音楽堂で声楽の弟子とのジョイントコンサートを開き Ludwig を 7 歳でデビューさせるが、広告には Mozart を意識して「6 歳」と書いた

5   Wolfgang Amadeus Mozart 「ヴォルフガング・アマデウス・モーツァルト」(1756-1791) オーストリアの音楽家。3 歳でチェンバロを弾き始め、5 歳で最初の作曲をし、6 歳で演奏会デビューした

6   sich[4] anbahnen 「始まりかける」。両親が他界し、1792 年活動の拠点を Bonn から Wien へ移して作曲家 Haydn に師事した。1798 年頃から難聴の症状が現われ、1818 年には完全に聴こえなくなり、ピアニストとしての道は絶たれたが、作曲に専念して数多くの優れた作品を世に送り出した

berühmte *Missa solemnis* und seine einzige Oper *Fidelio*[7]. Am 26. März 1827 starb Beethoven im Alter von 56 Jahren in Wien.

Ludwig van Beethoven galt als schwieriger Charakter. Er selbst hat in 🎧 1-22 seinem *Heiligenstädter Testament*[8] über seine Einsamkeit und Isolation gesprochen und sein unzugängliches Wesen mit dem Schicksal seiner Taubheit erklärt. Neben der Zeitlosigkeit seiner ergreifenden Musik fasziniert uns heute auch die ideelle Dimension seiner Botschaft. Beethoven vertrat mit „Freiheit, Gleichheit, Brüderlichkeit" die Ideale der Französischen Revolution[9]. Auch spricht aus seinem Leben und Werk seine Verbundenheit mit der Schöpfung und seine tiefe Liebe zur Natur.

Viele der rund 1000 Veranstaltungen des Beethoven-Jahres[10] konnten 🎧 1-23 wegen der Corona-Pandemie nicht stattfinden. Sie sollen 2021 nachgeholt werden. Das „Beethoven Pastoral Project"[11] wurde als digitales Format verwirklicht. Mit Spannung, aber auch mit Skepsis erwarten Musikfreunde die Uraufführung von Beethovens 10. Sinfonie[12] im Herbst 2021. Von Beethoven selbst stammen nur einige Skizzen dazu. Künstliche Intelligenz soll helfen, das Werk zu vollenden.

---

7 Missa solemnis「ミサ・ソレムニス、荘厳ミサ曲」、Rudolph 大公の大司教就任式のために作り始めたが結局間に合わず 1823 年に完成した。*Fidelio*「フィデリオ」、主人公レオノーレが「フィデリオ」という名で男装して監獄に潜入し、政治犯として拘禁されている夫を救出する物語

8 *Heiligenstädter Testament*「ハイリゲンシュタットの遺書」。難聴の症状が進行して死期が近いと思い、1802 年に Heiligenstadt（Wien 近郊）で二人の弟に宛てて書いた手紙。1827 年に幾つかの病気を併発して亡くなったが、愛飲していた安ワイン中の鉛糖も死因の一つと考えられている

9 die Französische Revolution「フランス革命」(1789-1799)。封建社会を一掃し、自由、平等、市民権を求めた資本主義革命で、その理念は Beethoven に大きな感銘を与え、作曲活動に刺激を与えた

10 das Beethoven-Jahr「ベートーヴェンイヤー」。2020 年は生誕 250 年を祝う演奏会や催し物が世界中で計画されていたが、新型コロナウィルス感染症拡大のため悉く中止あるいは延期を余儀なくされた

11 *Beethoven Pastoral Project*「ベートーヴェン田園プロジェクト」。国連が 6 月 5 日の世界環境デーで呼びかけた企画で、環境保護をテーマに交響曲第 6 番田園を演奏する動画を募集し、250 人以上が参加した。田園の演奏だけでなく、自然保護をイメージした展示やパフォーマンスも撮影された

12 Beethovens 10. Sinfonie「ベートーヴェンの交響曲第 10 番」。生誕 250 周年企画との一つとして、スケッチで遺された構想をもとに人工頭脳を使って交響曲 10 番を完成させ、ボンで初演される予定

Übungen

Ⅰ 次の動詞の3基本形を書きましょう。

(1) überwinden (2) erkennen (3) hinterlassen (4) vertreten (5) verwirklichen

Ⅱ 下線部の動詞を、使われている時制で人称変化させましょう。

(1) Sein Vater <u>wollte</u> aus ihm ein Wunderkind machen.

(2) Viele Veranstaltungen des Beethoven-Jahres <u>konnten</u> nicht stattfinden.

(3) Künstliche Intelligenz <u>soll</u> helfen, das Werk zu vollenden.

Ⅲ 次の名詞句を1〜4格まで変化させましょう。

(1) die unterschiedlichsten Länder (2) junge Jahre

(3) sein unzugängliches Wesen (4) digitales Format

Ⅳ 下線部に適切な前置詞を補いましょう。

(1) Auch ___ Japan hat er seinen Platz.

(2) 1792 zog er ___ Wien.

(3) ___ der Zeitlosigkeit fasziniert uns auch seine ideelle Botschaft.

(4) ___ der Corona-Pandemie fanden viele Veranstaltungen nicht statt.

(5) ___ Beethoven selbst stammen nur einige Skizzen dazu.

Ⅴ 本文の内容と一致しているものに×をつけましょう。

☐ (1) 1770 wurde Ludwig van Beethoven geboren.

☐ (2) Wolfgang Amadeus Mozart galt als ein Wunderkind.

☐ (3) Beethoven starb mit 48 Jahren.

☐ (4) Beethoven kämpfte gegen die Französische Revolution.

☐ (5) Beethovens 10. Sinfonie wurde 1824 uraufgeführt.

KAPITEL 3

Deutsche Familiennamen

ドイツ人の姓

　ヨーロッパで苗字が誕生したのは12世紀のベネチアで、その後他の欧州諸国に広まり、ドイツ語圏で使われるようになったのは15世紀のことです。1875年ドイツ帝国が戸籍制度の導入にあたり、名前と人物を一致させる必要性から苗字を国民に義務づけました。ちなみに日本の明治政府が平民苗字必称義務令を出したのも同じ年です。

　苗字には、職業、出身地、居住地、個人特徴など様々な由来がありますが、最初は個人につけられていたものが家族全員共通の姓を名乗り、しかもそれが代々受け継がれるようになると、次第に起源の意味が失われていきました。今では自分の姓の由来が解らない人がほとんどです。

　ドイツの社会も戦後まぐは夫権制が強く、結婚したら妻は夫の姓を名乗るのが一般的でした。それが男女平等を求める世情から婚姻後も旧姓を残せるように二重性が認められました。1976年には夫婦どちらの姓を名乗るか選べるようになり、1993年には夫婦別姓も許されました。

　以前は苗字を勝手に変えたり、様々に綴ったりすることが可能でしたが、戸籍制度が導入されてからは、然るべき理由がないと変更できなくなりました。名前も同様で、出生届に記載されたファーストネームを変更するのは容易ではありません。

　ドイツでは2019年から役所書類の性別欄に男女に加え „divers"「多様」の項が加えられ、インターセックスの人も記入できるようにしました。それにより出生届の性別や名前も変更が可能になりましたが、医師の診断書の提出が求められます。社会が従来の慣習にとらわれず寛容になった結果ですが、コンピュータの発達で戸籍データの管理技術が向上し、柔軟に対応できるようになったことも影響しているでしょう。

3 Deutsche Familiennamen

Nomen est omen.[1] Namen haben eine Bedeutung und kennzeichnen Personen. Das gilt auch für deutsche Familiennamen[2]. Der häufigste Familienname in Deutschland ist der Name *Müller*[3]. Mein Nachbar heißt Müller. Er besitzt aber keine Mühle, sondern eine KFZ-Werkstatt[4]. Ich heiße *Raab*[5]. Meine Haare sind aber nicht rabenschwarz, sondern blond. [5] Außerdem heiße ich nur so, weil ich Herrn Raab geheiratet habe. Stimmt es also doch nicht, dass Familiennamen etwas über einen Menschen aussagen?

Doch, diese Funktion hatten unsere Familiennamen jedenfalls im Mittelalter, als sie entstanden sind. Vor dem 12. Jahrhundert hatten die [10] Leute nur einen Rufnamen[6]. Dann entstanden die Städte. Dort lebten viele Menschen mit demselben Namen. Man gab ihnen Beinamen, um sie zu unterscheiden. Die entwickelten sich im Laufe der Jahrhunderte zu festen und erblichen Familiennamen. Manche Familiennamen sind leicht zu verstehen, zum Beispiel die häufigen Berufsbezeichnungen: *Schneider,* [15]

---

1 *Nomen est omen.*「名は象徴なり＝名は体を表す」(ラテン語)。ローマの喜劇作家 Plautus (紀元前 250–184 年) が彼の作品「ペルシャ人」の中で *nomen atque omen* というセリフで使ったのが起源

2 **Familienname**「姓、苗字」、Nachname ともいう。ドイツでは 1875 年ドイツ帝国戸籍局が国民に苗字をつけることを義務づけた、当時はまだ変更が容易だったが、1938 年姓名法の制定で固定された

3 *Müller*「ミュラー」。「Mühle (粉挽き装置、水車小屋) を持っている人」が起源で、ドイツで最も多い苗字。刈り取った麦から主食のパンを作る粉を挽く Mühle は、昔は生活に欠かせない大切な機械だった

4 **eine KFZ-Werkstatt**「自動車 (KFZ=Kraftfahrzeug) 修理工場」。苗字は職業、出身地、住所、身体的特徴が起源になっている場合が多く、Müller は「粉挽き屋」という意味だった

5 **Raab** (=Rabe)「カラス」。動物が苗字の起源の場合は、その動物の特徴が身体的特徴だった可能性が高い。ちなみに本書の著者 Andrea Raab は旧姓 Jessl で、婚姻により Raab 姓に代わった

6 **ein Rufname**「呼び名、名前」、Vorname「ファーストネーム」とも言う。人口増加で同じ名前の人が増えて紛らわしくなったので、苗字をつけて区別するようになった

7 *Schneider*「仕立て屋」、*Schmidt*「鍛冶屋」、*Fischer*「漁師」、*Koch*「料理人」。苗字はもともと個人に対してつけられたが、家族全員が同じ苗字になり世襲制になると、起源的意味が失われていった

Schmidt, Fischer oder *Koch*.[7] Manchmal ist die Sache aber nicht so einfach. Der Nachname *Frank*[8] kann sich aus dem gleichlautenden Rufnamen entwickelt haben, er kann auf eine Herkunft hinweisen oder auf eine Eigenschaft. Ebenso könnte der Name *Stein*[9] etwas darüber aussagen,

20 wie der Träger des Namens wohnte – in einem Haus aus Stein zum Beispiel. Er könnte sich aber auch auf einen Ortsnamen beziehen. Manche Nachnamen klingen lustig. Wer mit dem Namen *Schimmelpfennig* oder *Schluckebier*[10] lebt, der sollte ein wenig Humor haben. Wer dagegen *Frauenschläger*[11] heißt, der weiß hoffentlich über die Entstehung dieses

25 Namens Bescheid, um Missverständnisse aufzuklären.

Heute sind Familiennamen verbindlich festgelegt, auch ihre 🎧 1-27 Schreibweise[12]. Frauen müssen nicht mehr den Namen ihres Ehemannes annehmen. Die Ehepartner dürfen jeweils ihren eigenen Namen behalten, sie dürfen Doppelnamen[13] führen oder sich auf den Namen von einem der

30 Partner einigen. Eine Änderung des Familiennamens ist nur mit einer Sondergenehmigung möglich. Die wird zum Beispiel erteilt, wenn ein Name lächerlich oder herabwürdigend ist. Herr *Kotz* und Frau *Dumm*[14] würden die Genehmigung bekommen.

---

8 *Frank*「フランク」。呼び名「フランク」から発展した姓、「フランケン出身の人」という出身地から発展した姓、「自由な人」という中世ドイツ語の franc=frei「自由な」から発展した姓の可能性がある

9 *Stein*「シュタイン」。「石造りの家の住人」、「シュタイン（地名）出身の人」の可能性がある

10 *Schimmelpfennig*「シンメルプフェニヒ」。schimmeln は「カビがはえる」、Pfennig は古いドイツの通貨。最も安い硬貨で「1円さえもカビがはえるほど大事にする人」=「ドけち」、*Schluckebier*「シュルッケビア」。schlucken は「呑み込む」、Bier は「ビール」で「ビールをがぶ呑みする人＝大酒飲み」

11 *Frauenschläger*「フラウエンシュレーガー」。本来は「尼僧院の森で木を伐る人」だが、Frauen「女性たち」、Schläger は「殴る人」で、「女性を殴る人」と誤解されるおそれがある

12 Schreibweise「書き方」。昔は様々に異なる綴りで姓を書くことが許されていたが、今では法律で戸籍に申請した綴り方に統一するよう義務づけられている

13 Doppelnamen「二重姓」旧姓を新姓に併記した苗字。婚姻後妻が夫の姓しか名乗れないのは男女平等に反するとして 1957 年許可された。1993 年夫婦別姓が認められると必要性は薄らいだ

14 *Kotz*「反吐」、*Dumm*「馬鹿」。事務手続上の混乱を避けるため、苗字の変更は容易ではないが、姓名変更法で「然るべき理由がある場合に限り」、申請して許可されれば変えることができる

Übungen

Ⅰ　次の動詞の3基本形を書きましょう。

(1) heiraten　(2) entwickeln　(3) verstehen　(4) festlegen　(5) erteilen

Ⅱ　下線部の動詞を、使われている時制で人称変化させましょう。

(1) Dort lebten viele Menschen mit demselben Namen.

(2) Der Träger des Namens wohnte vielleicht in einem Haus aus Stein.

(3) Die Ehepartner dürfen jeweils ihren eigenen Namen behalten.

Ⅲ　次の名詞句を1～4格まで変化させましょう。

(1) ein Mensch　　　　　　　　(2) derselbe Name

(3) die häufigen Berufsbezeichnungen　(4) ihr Ehemann

Ⅳ　下線部に適切な前置詞を補いましょう。

(1) Familiennamen sagen etwas ___ einen Menschen aus.

(2) Der Name kann ___ eine Herkunft hinweisen.

(3) Der Name könnte sich aber auch ___ einen Ortsnamen beziehen.

(4) Er weiß hoffentlich ___ die Entstehung seines Namens Bescheid.

(5) Oder sie dürfen sich ___ den Namen von einem der Partner einigen.

Ⅴ　本文の内容と一致しているものに×をつけましょう。

☐ (1) Viele Deutsche heißen *Müller*.

☐ (2) Vor dem 12. Jahrhundert gab es keinen Rufnamen.

☐ (3) *Schneider* ist eine Berufsbezeichnung.

☐ (4) Wer *Stein* heißt, der sollte ein wenig Humor haben.

☐ (5) Auch wenn der eigene Name lächerlich ist, darf man ihn nicht ändern.

KAPITEL 4

Die Kirchen werden leerer

カトリック教会での Firmung
（キリスト教上の「成人式」）の様子

進む教会離れ

ドイツの教会離れが止まりません。2019 年には 2 大宗派のカトリック・プロテスタント教会を合わせて史上最多の 54 万人が脱会しました。特に若者たちを中心に信者の数が激減し、潰れた教会や統廃合を迫られた教会区が続出しています。

昔は教会が社交の中心となり、日曜には必ず晴れ着を着て教会へ行き、礼拝が終わると教会前の広場で近所（同じ教会区）の人たちとひとしきり挨拶や談笑をするというのがきまりでした。それが次第に冠婚葬祭や特別礼拝の時しか教会に行かなくなり、最近では教会での結婚式やクリスマス礼拝もカットする若者たちが増えています。

理由は様々で断定することはできませんが、教会が儀式的な役割しか果たさなくなり、人々の日常生活から疎遠になったことは確かです。だからといって信仰心が失われたかというとそうではなく、ドイツ人の思考の基盤にはキリスト教的教えが根強く感じられます。宗教離れでなく教会離れが進んでいるのです。

めでたい祝いは神社へ行き、葬式はお寺へ行き、結婚式は教会で挙げる日本人にとっても、宗教は儀式的な意味合いしかないように思われますが、人生の節目に神社仏閣に行くこと自体が日本人の信仰心の表れです。我々が常識・非常識と捉える考え方の基盤には、先祖代々伝わってきた信仰の力があるのです。

檀家離れでお寺が経営に苦労しているように、信者が減って困るのは教会です。ドイツの教会の一番の収入源は、信者が所得税の約 1 割に当たる額を納める教会税ですが、脱会者から教会税を徴収することはできません。戒律が厳しいカトリック教会では、もっと人が集まる魅力的な場所になるよう改革しようという動きがありますが、宗教の捉え方自体が変わってきている時代の流れに逆らうことは難しいでしょう。

4 Die Kirchen werden leerer

🎧 1-28

🎧 1-29   Seit Jahren verlieren die katholische und die evangelische Kirche[1] in Deutschland Mitglieder. Im Jahr 2019 gab es so viele Austritte[2] wie noch nie. Jetzt gehören noch etwa 52 Prozent der Bevölkerung den beiden großen Volkskirchen an. Was ist los in dem Land, das sich gern auf seine christliche Tradition beruft? Sind die Deutschen nicht mehr religiös?   5

🎧 1-30   In Deutschland gibt es keine Staatsreligion. Für alle Bürger gilt Religionsfreiheit. Trotzdem gibt es in der Präambel des Grundgesetzes[3] einen Gottesbezug. Das Christentum mit seiner Ethik ist also eine geistige Grundlage für die Gesellschaft und ihre Kultur. Die Kirchen spielen immer noch eine wichtige Rolle: im sozialen Bereich, in Bildung und Erziehung   10 oder in der Pflege[4] zum Beispiel. Auch äußere Strukturen wie die allgemein geltenden Sonn- und Feiertage[5] kommen aus der Tradition der großen christlichen Kirchen.

🎧 1-31   Trotzdem wenden sich massenhaft Menschen von der Kirche ab. Der Skandal um sexuellen Missbrauch[6] in der Kirche hat wohl einen großen   15

---

1   die katholische und die evangelische Kirche「カトリック教会とプロテスタント教会」、キリスト教の2大宗派。evangelisch は本来「福音」だが、1517年宗教改革でルターが「信仰の中心は教会ではなく聖書（福音）」であると唱え、カトリックに抵抗するプロテスタント教会が誕生した

2   Austritte「脱人」。ドイツでは出生届に宗教欄があり、どの宗教で育てるかを届け出るが、2019年両宗派ともに約27万人ずつ脱会届が出された。計54万人の脱会者はドイツ史上最多

3   die Präambel des Grundgesetzes「基本法序文」。ドイツ憲法の冒頭に「神と人類に対する責任を意識し、ドイツ国民はこの基本法を制定した」という一文がある

4   Bildung und Erziehung「教養・教育」、die Pflege「介護」。ドイツには教会関係の団体が設立・運営する学校や病院が多い。国からの援助金、教会税、寄付金が教会の資金源となっている

5   die Sonn- und Feiertage「日曜祭日」。日曜日は元来キリスト教の安息日。またドイツの国民の祭日は、1月1日の新年と10月3日の統一記念日以外はすべてキリスト教の祝日。8月15日のマリア昇天祭だけはカソリック教会しか祝わないが、それ以外の祭日で両宗派に違いはない

6   sexueller Missbrauch「性的虐待」。2010年カトリック教会の実態調査が行われ、教会運営の学校で神父が生徒たちを性的に虐待したという事実が多数報告され、大きな社会問題になっている

Anteil an der Krise, scheint aber nicht der einzige Grund dafür zu sein. Viele Menschen empfinden die Kirchen als nicht mehr zeitgemäß. An der katholischen Kirche stört sie zum Beispiel deren Haltung zur Sexualität, der Zölibat oder der Ausschluss der Frauen vom Priesteramt[7]. Manche

20 beklagen die kirchlichen Machtstrukturen oder kritisieren die Selbstherrlichkeit[8] einiger Geistlicher. Andere wollen einfach die Kirchensteuer[9] sparen. All das muss nicht bedeuten, dass die Deutschen nicht mehr religiös sind. Mancher geht auf der Suche nach Sinn und Transzendenz[10] andere Wege. Die moderne Gesellschaft macht viele

25 alternative Angebote[11].

Die Kirchen müssen reagieren: Gemeinden werden zusammengelegt 🎧 1-32 und Gotteshäuser verkauft, anders genutzt oder abgerissen. Inhaltlich plädieren die einen für ein Umdenken und Reformen, die anderen im Gegenteil für eine stärkere Rückbesinnung[12] auf die eigene Identität und

30 Tradition. Vor allem aber müssten die Gründe für die Kirchenaustritte umfassend untersucht werden, meint Heinrich Bedford-Strohm[13], der Ratsvorsitzende der Evangelischen Kirche in Deutschland.

7　die Haltung zur Sexualität「性に対する姿勢」, der Zölibat「妻帯禁止」、der Ausschluss der Frauen vom Priesteramt「女性の神父職除外」。カトリック教会では同性愛や同性婚を認めておらず、聖職者は妻帯を禁じられ、女性は神父になれない。このような旧態然とした考えが信者の教会離れを招いている

8　die Machtstrukturen「力関係」、die Selbstherrlichkeit「独断」。高位の聖職者には絶大な権力があり、自分勝手な解釈で教理を定め、暴利をむさぼっているという批判が高まっている

9　die Kirchensteuer「教会税」。ドイツでは所得税の約 1 割に当たる額を教会に納める。普段全く教会のお世話になっていないのに教会税を払うのは嫌だという理由で脱会する若者が多い

10　Sinn und Transzendenz「意義と境地、心のよりどころ」。教会から離れてもドイツ人の考え方や行動、常識や良心の基盤には、キリスト教的な見解が根強く残っている

11　alternative Angebote「代替案、教会に代わる提供」。最近ではキリスト教以外にも新興宗教や信仰団体が数多くあり、カトリック・プロテスタントのいずれかを選ぶという時代ではなくなった

12　eine Rückbesinnung「回帰」。信者を呼び戻すために、教会も時代に合わせて変わるべきだと考える人もいれば、逆に昔ながらの伝統に立ち返り特性を強めるべきだと考える人もいる

13　Heinrich Bedford-Strohm「ハインリッヒ・ベトフォルト・シュトローム」(1960 年 Memmingen 生まれ)。2014 年からドイツ・プロテスタント教会 (EKD) 理事長をつとめる

Ⅰ 次の動詞の 3 基本形を書きましょう。

(1) verlieren (2) empfinden (3) gehen (4) reagieren (5) untersuchen

Ⅱ 下線部の動詞・助動詞を、使われている時制で人称変化させましょう。

(1) Im Jahr 2019 gab es so viele Austritte wie noch nie.

(2) In Deutschland gibt es keine Staatsreligion.

(3) Gemeinden werden zusammengelegt.

Ⅲ 次の名詞句を 1 ～ 4 格まで変化させましょう。

(1) die beiden großen Volkskirchen (2) eine wichtige Rolle

(3) ein großer Anteil (4) eine stärkere Rückbesinnung

Ⅳ 下線部に適切な前置詞を補いましょう。

(1) Das Land beruft sich gern ___ seine christliche Tradition.

(2) ___ alle Bürger gilt Religionsfreiheit.

(3) Massenhaft wenden sich Menschen ___ der Kirche ab.

(4) Inhaltlich plädiert man ___ ein Umdenken und Reformen.

(5) Das scheint aber nicht der einzige Grund da___ zu sein.

Ⅴ 本文の内容と一致しているものに×をつけましょう。

☐ (1) Jetzt sind nur noch 52 Prozent der Bevölkerung katholisch.

☐ (2) In der Präambel des Grundgesetzes gibt es einen Gottesbezug.

☐ (3) In der katholischen Kirche dürfen keine Frauen Priester werden.

☐ (4) Viele Deutsche suchen andere Wege zu ihrer Kirche.

☐ (5) Heinrich Bedford-Strohm ist aus seiner evangelischen Kirche ausgetreten.

KAPITEL 5

Müssen wir uns um die deutsche Sprache sorgen?

ジャーナリスト Bastian Sick と
彼の連載記事 Zwiebelfisch

ドイツ語は危ういか？

　2003 年シュピーゲル・オンラインでジャーナリストのバスティアン・ジックが、現代ドイツ語文法の問題点を指摘する連載コラム「ツヴィーベルフィッシュ」を開始すると大評判になり、そのコラムを集めた単行本はどれもベストセラーになりました。なぜそんな硬いテーマのコラムが人気を博したかというと、ジックがウィットに富んだ面白い読み物としてエッセイ風に書いたからです。

　たとえば「ある夫婦の朝食の席で、Nutella（ヌテラ：ドイツ人に人気のチョコペースト）が女性・中性名詞どちらかで論争になり、外来名詞の性の決め方が夫婦関係の危機を招きかねない」とか、「バイエルン州で立場が弱いのは SPD（社民党：バイエルンは CDU キリスト教社会同盟が圧倒的に強い）だけではない。2 格もそうだ」と言って、2 格の代わりに 3 格が用いられる最近のドイツ語の傾向を指摘しています。

　ドイツ語の英語化がテーマの時には「ドイツ語の普段着を身にまとい、ひそかにアメリカナイズが徘徊している。ドイツ語のように聞こえるが、その構造はもはやドイツ語ではない」として、気づかないうちにドイツ語がいつしか英語の単語に乗っ取られるかもしれないと警鐘を鳴らしています。

　ドイツ語と英語は同じゲルマン語族でもともと似ていますが、英語を話せるとインテリと見なされる風潮があり、ドイツ人は英語を使いたがります。日本で日本語の単語の代わりに英語を使うとハイカラな感じがするのと同じですが、ただ日本語ではカタカナ表記にするので、外来語だとすぐに気がつきます。

　言語学の専門家からすると、ジックの主張はいかにも素人っぽく、根拠が曖昧で、受け入れ難いようです。しかしドイツ語文法をこんなにも身近な話題にした功績は大きいと言えるでしょう。

5 Müssen wir uns um die deutsche Sprache sorgen?

Die deutsche Sprache ist in Gefahr. Das könnte man denken, wenn man die Spiegel-Kolumne *Zwiebelfisch*[1] von Bastian Sick[2] zum Thema Amerikanismen[3] liest. „Heimlich unterwandern sie unsere Sprache und verändern unsere Syntax[4], ohne dass wir es merken. Die Wörter klingen zwar noch deutsch, doch die Strukturen sind es nicht mehr", warnte der 5 Journalist und Bestsellerautor schon vor Jahren. Sick behandelt Stilfragen und Zweifelsfälle der deutschen Sprache so unterhaltsam, dass er Millionen von Lesern damit begeistert.

Sprache ist immer verschiedenen Einflüssen ausgesetzt und wandelt sich. So wandern beispielsweise viele Wörter aus dem anglo- 10 amerikanischen Sprachraum[5] ins Deutsche ein. Manche sind eine Bereicherung, andere nicht. Der Anteil der Anglizismen im Deutschen beträgt laut Duden[6] nicht mehr als vier Prozent. Sie gehören irgendwann zum deutschen Wortschatz, stehen im Wörterbuch und unterliegen den deutschen Regeln zur Grammatik und Formenbildung. „Downloaden" oder 15

---

1 *Zwiebelfisch* 「誤植、字体間違い」、活字印刷で間違った字体の活字を植字してしまった場合を言う。ここでは Bastian Sick が Spiegel Online で連載したコラムの名前

2 **Bastian Sick** 「バスティアン・ジック」1965 年 Ratekau (Lübeck 近郊) 生まれ。大学での専攻は歴史学と[言語?]学で言語学の専門家ではないが、学生時代に校正と翻訳のバイトをし、ドイツ語の正書法に興味を持った。1995 年 Spiegel 出版に入社。2003 年から開始したコラムで一躍人気者となる。2009 年 Spiegel 出版を退社し、現在はフリーのジャーナリスト、評論家、タレントとして活躍する

3 **Amerikanismen** 「アメリカ主義、英語化」。2004 年 6 月 9 日 *Zwiebelfisch* に掲載された記事で、ドイツ語の文法が英語に影響され変化している事例が列挙されている

4 **Syntax** 「統語論、文の作り方」。このコラムはドイツ語文法の普段何気なく使っていて気づかない諸問題を指摘し、本 (*Der Dativ ist dem Genitiv sein Tod*) にまとめられてベストセラーになった

5 **der anglo-amerikanische Sprachraum** 「英米語圏」。英語からドイツ語に入った語彙は数多く、その大半が既にドイツ語に同化して、もはや外来語と見なすことができない

6 **Duden** 「ドゥーデンの辞書」。Konrad Duden (1829-1911) の Orthographisches Wörterbuch der deutschen Sprache (1880) を元に Duden 出版が発行するドイツで最も権威のある国語辞典。2020 年第 28 版が出版された

„e-mailen" zum Beispiel. Zu den Einwanderern gehören aber nicht nur einzelne Wörter. Mit Befremden hören wir jetzt oft den Satz: „Ich erinnere das nicht." Sick beschreibt ihn als Analogie zum englischen „I can't remember that"[7]. Im Deutschen kennen wir das Verb „erinnern" eigentlich

20 als reflexives Verb mit Präpositionalobjekt: „Ich erinnere mich an etwas." Ebenso hat der heute so beliebte Satz „Das macht Sinn" möglicherweise ein englisches Muster: „It makes sense."[8] Mancher fragt sich allerdings irritiert, ob Sinn sich wirklich „machen" lässt und möchte lieber gewohnte Wendungen wie „Das ergibt Sinn" oder „Das ist sinnvoll" beibehalten.

25 Einige namhafte Linguisten halten Bastian Sicks Form der Sprachpflege für überflüssig[9]. Seine Sprachkritik sei vielleicht unterhaltsam, jedoch oft fehlerhaft und nicht wissenschaftlich begründet. Außerdem müsse man sich um die deutsche Sprache keine Sorgen machen. Sie sei offen, lebendig, in bestem Zustand und komme mit dem natürlichen

30 Sprachwandel gut zurecht. Bleiben wir also gelassen. Nebenbei gesagt: Die Form „Ich erinnere das nicht" ist vielleicht gar kein gefährlicher Eindringling, sondern ein alter Bekannter. Sie ist schon im Grimmschen Wörterbuch[10] verzeichnet.

---

7 „I can't remember that" 「私はそれを思い出せない」Rumsfeld 米防衛相の「同時多発テロ以前に旅客機の戦闘使用を指示したか」という問いに対する答えで、„Ich erinnere das nicht." という翻訳字幕のついたインタビュー映像が紹介された。他動詞 erinnern は「人[4]に思い出させる」という意味なので、正しくは再帰動詞 sich[4] erinnern an[4]「～[4]を思い出す」を用い „Ich erinnere mich nicht daran." と訳さねばならない

8 „It makes sense." 「それは意味をなす、意味がある」。ドイツ語で Sinn「意味、意義」は作り出すものではないので „Das ergibt Sinn", „Das ist sinnvoll" という表現が正しいが、最近では英語からの類推で „Das macht Sinn" が普通になっている

9 überflüssig「余計な、不必要な」。たとえば Peter Eisenberg（Potsdam 大学、現代ドイツ語学教授）は「言語は生き物で、時代の変遷により変化するのは当然のこと。ドイツ語は今かつてないほど多様化しているにすぎず、変化しすぎて消滅する心配はない」として、Sick の主張を否定している

10 das Grimmsche Wörterbuch「グリムの辞書」。グリム童話で有名な Jacob Grimm (1785-1863) と Wilhelm Grimm (1786-1859) の兄弟は国語学者で、19世紀に 16巻にわたるドイツ語辞書を編纂した。その第3巻 859番 ERINNERN の項で「～[4]を思い出す」という意味の他動詞 erinnern の使い方が説明されており、今ではあまり一般的ではないが、昔はこの使い方があったことがわかる

Ⅰ　次の動詞の 3 基本形を書きましょう。

(1) unterwandern　(2) begeistern　(3) aussetzen　(4) einwandern　(5) verzeichnen

Ⅱ　下線部の動詞を、使われている時制で人称変化させましょう。

(1) Das könnte man denken, wenn man die Kolumne liest.

(2) Mancher fragt sich irritiert, ob Sinn sich wirklich „machen" lässt.

(3) Das ergibt Sinn.

Ⅲ　次の名詞句を 1 ～ 4 格まで変化させましょう。

(1) verschiedene Einflüsse　　　　　(2) die deutschen Regeln

(3) der heute so beliebte Satz　　　　(4) der natürliche Sprachwandel

Ⅳ　下線部に適切な前置詞を補いましょう。

(1) Die deutsche Sprache ist ___ Gefahr.

(2) ___ den Einwanderern gehören nicht nur einzelne Wörter.

(3) Ich erinnere mich dar___.

(4) Einige Linguisten halten seine Warnung ___ überflüssig.

(5) ___ die deutsche Sprache muss man sich keine Sorgen machen.

Ⅴ　本文の内容と一致しているものに×をつけましょう。

☐ (1) Bastian Sick isst *Zwiebelfisch* sehr gern.

☐ (2) Der Duden begeistert Millionen Menschen mit seiner Kolumne.

☐ (3) „Downloaden" steht schon im deutschen Wörterbuch.

☐ (4) Der Satz „Das macht Sinn" wird heute nicht mehr benutzt.

☐ (5) Die Gebrüder Grimm verfassten das Grimmsche Wörterbuch.

KAPITEL **6**

Skateboard:
Sport und Lebensgefühl

指導をするディトマン（左）

スケボーはスポーツか楽しみか

若者に大人気のスケボー。ドイツではギムナジウムの体育教師ティトゥス・ディトマンがいち早く注目し、体育の授業に取り入れ広まっていきました。バランス感覚の訓練に最適で、自分で目標を設定し、工夫し、忍耐強く練習すれば上手くなり、楽しいし、格好いいし、生徒たちはおおいに興味を持って取り組みました。

スケボーの魅力に取りつかれたディトマンは、教職を辞めて事業に専念し、ボードやウェアの輸入・製造・販売会社を立ち上げ、スケート施設を開設しました。また、財団を設立して「スケート・エイド」活動を展開し、世界の紛争地域でもスケートボードを通じた青少年の健全な育成を目指しています。

そのような努力が実を結び、今や町のあちこちでスケボーを楽しむ若者の姿や、持ち運びが便利なので自転車代りにボードを小脇に抱える会社員を見かけ、この新スポーツは広く普及し、すっかり社会に定着しました。

その様子に着目したIOC（国際オリンピック委員会）は、2020年東京夏季オリンピックからスケートボードを新競技に採用。曲面を組み合わせたコースを使う「パーク」と、町中にある階段・縁石・斜面などを真似て作ったコースを使用する「ストリート」の2種目で、技の難易度、スピード、オリジナリティが競われます。

1896年アテネで初めてオリンピックが行われた時は9競技43種目でしたが、今度の東京では33競技339種目が予定されています。新世代にとっても面白いアマチュアスポーツの祭典にするため、若者に人気のスポーツ種目が積極的に取り入れられています。しかし当事者たちは、自分が熱中するスポーツがメジャーになって嬉しい反面、競技スポーツになることで本来の良さが失われてしまうのではないかと危惧しています。

2-01

6 Skateboard[1]: Sport und Lebensgefühl

2-02 Skater[2] sind junge, coole, unkonventionelle Menschen, die mit ihren
Brettern die Städte erobern: Mit Tempo, Geschicklichkeit und
Körperbeherrschung nehmen sie jedes Hindernis. Sie gleiten über Rampen,
Treppen und Geländer. Skateboard und Freiheit gehören zusammen. Ist
das nun ein Sport oder ein Lebensgefühl? Eigentlich beides.   5

2-03 An der Südküste Kaliforniens[3] schraubten in den 1950er-Jahren Surfer
Rollen unter ihre Bretter, um bei ungünstigem Wellengang auf der Straße
fahren zu können. Die neue Sportart breitete sich in den USA aus und kam
in den 1970er-Jahren nach Europa. Der Vater der deutschen
Skateboardszene heißt Titus Dittmann[4]. Als junger Sportlehrer beobachtete 10
er Kinder und Jugendliche, die mit Begeisterung und Ausdauer auf dem
Rollbrett[5] übten. Es faszinierte ihn, dass sie eigenständig und mit
Selbstdisziplin lernten. Er glaubte fest daran, dass das Skaten die
Entwicklung von Kindern positiv beeinflussen kann, denn es fördert
Selbstbewusstsein, Zielstrebigkeit, Kreativität, Gemeinschaftssinn und 15

---

1 Skateboard「スケートボード」 一枚の板に４つの車輪がついた運動用具で、全長31インチ（約
   78cm）が一般的。ローラースケートから発展したキックスケーターのハンドルを取ったものが原型と
   言われている。単に Skate「スケート」、あるいは日本では略して「スケボー」と呼ばれることもある。
   2020 年開催予定だった東京オリンピックで追加種目に採用された
2 Skater「スケーター」、スケートボードに乗る人。Skateboarder「スケートボーダー」とも呼ばれる
3 die Südküste Kaliforniens「カリフォルニア南海岸」。サーフ業界の本社が集まり、サーフカルチャ
   ーが豊かなことで知られる。1950 年代波の具合が悪い時にサーファーたちがサーフボードに車輪をつ
   けて道路で練習した。次第に水を抜いたすり鉢状のプールで乗るようになり、本格的に流行した
4 Titus Dittmann「ティトゥス・ディトマン」（1948 年 Kirchen an der Sieg 生まれ）。スポーツ学と地
   理学を専攻し、1978 年 Münster の Gymnasium で教師となる。当時からスケートボードに注目し、体
   育の授業に取り入れたりした。1984 年教職を辞し、スケートボード事業に専念した
5 das Rollbrett「ローラーボード」。時代によりトリックが多様化し、それが成功しやすいようボードも
   改良されていった。また競技用、一般のサーファーやスケートボーダー用のいずれかによっても、長さ、
   形状、スライドやボードの傾斜が異なる

vieles mehr. Er widmete sich ganz der Skateboard-Jugendkultur mit dem Ziel, möglichst viele junge Menschen dafür zu begeistern. Um die Szene mit der nötigen Ausrüstung zu versorgen, gründete er ein Handelsunternehmen[6]. Seine gemeinnützige Organisation *skate-aid*[7]

20 arbeitet nach dem Motto „Wir machen Kinder stark". Sie führt Projekte auch in verschiedenen Krisengebieten der Welt durch. Dass das Skateboarden jetzt olympisch werden soll, findet Dittmann nicht so gut. Er fürchtet, dass Professionalität, Vermarktung und harter Wettbewerb aus der rebellischen Jugendkultur[8] einen Leistungssport machen werden.

25 Besonders in den größeren Städten gibt es eine lebendige Skaterszene. 2-04
Kickflip, Ollie oder Drop-In[9] kann man dort auch in Skateparks oder Skatehallen üben. Es gibt inzwischen mehr Mädchen in der Szene und mehr Skater, die nicht mehr ganz so jung sind. Nach Einschätzung von Titus Dittmann ist der Stellenwert[10] des Skateboardens in den letzten 40

30 Jahren kontinuierlich gestiegen. Er selbst steht mit 71 Jahren immer noch auf dem Brett. Tricks macht er keine mehr, aber er fährt damit zum Bäcker, um Brötchen zu holen.

6　ein Handelsunternehmen 「商社」。1978 年、教師の商業活動は禁じられているため妻の名義でボードや関連商品を扱う販売会社を設立。小さな店舗をかまえ、欧州初のスケートボードショップとなる。最初はカリフォルニアに通って買い付けていたが、次第に自社製品を製造・販売するようになった

7　*skate-aid* 「スケート・エイド」、2009 年設立のティトゥス・ディトマン財団が展開する児童・青少年の人道的支援活動の名称。7 千人の子供たちを収容できるスケート・スポーツ施設を開設したり、アフガニスタンやアフリカ諸国の子どもたちにスケートボードを教えたり、国内外で活動している

8　die rebellische Jugendkultur 「反逆的な若者文化」。もともとスケートボードは正統派の競技スポーツに逆らい、純粋に楽しむために生まれた若者のサブカルチャー

9　Kickflip 「キックフリップ」オーリーをしながら爪先でデッキを横に蹴って回すトリック、Ollie 「オーリー」テールを蹴りながらジャンプし、同時にノーズ側に足を擦りあげてボードを浮かせるトリック、Drop-In 「ドロップイン」すり鉢状コースのプラットフォームの角にテールを掛けて立ち、重心をずらして滑り降りる技術

10　der Stellenwert 「価値、重要性」。初の女性プロスケーター Elissa Steamer に刺激されて女の子のファンも増え、老若男女を問わずスケートボーダー人口は増加している

Übungen

Ⅰ　次の動詞の 3 基本形を書きましょう。

(1) schrauben　(2) üben　(3) widmen　(4) gründen　(5) steigen

Ⅱ　下線部の動詞を、使われている時制で人称変化させましょう。

(1) Mit Tempo und Geschicklichkeit <u>nehmen</u> sie jedes Hindernis.

(2) Der Vater der deutschen Skateboardszene <u>heißt</u> Titus Dittmann.

(3) Er <u>fährt</u> damit zum Bäcker, um Brötchen zu holen.

Ⅲ　次の名詞句を 1 ～ 4 格まで変化させましょう。

(1) ihre Bretter　　　　　　　　(2) ungünstiger Wellengang

(3) junger Sportlehrer　　　　　(4) die größeren Städte

Ⅳ　下線部に適切な前置詞を補いましょう。

(1) Die neue Sportart kam in den 1970er-Jahren ___ Europa.

(2) Er glaubte fest ___ die positiven Einflüsse des Skatens auf die Kinder.

(3) Er wollte junge Menschen ___ das Skateboarden begeistern.

(4) *Skate-aid* arbeitet ___ dem Motto „Wir machen Kinder stark".

(5) Er selbst steht ___ 71 Jahren immer noch auf dem Brett.

Ⅴ　本文の内容と一致しているものに×をつけましょう。

☐ (1) Skater sind konventionell, weil sie mit ihren Brettern die Städte erobern.

☐ (2) In den 1950er-Jahren fangen kalifornische Surfer zu skateboarden an.

☐ (3) Dittmanns Vater übte mit Begeisterung auf dem Rollbrett.

☐ (4) Dittmann freut sich, dass das Skateboarden olympisch wird.

☐ (5) Immer mehr Mädchen fahren Skateboard.

KAPITEL 7

Ernährungstrends

スーパーには、ベジタリアン／ビーガン
向けの商品も数多く並ぶ

食文化の流行

　2018年に科学ジャーナリスト、バ・カスト（Bas Kast、母親の出身国オランダでは「バ」という名前は一般的）が書いた「栄養コンパス」（Der Ernährungskompass）がベストセラーになりました。何千ものダイエット法や食餌療法に関する論文・文献をまとめ、検証し、健康的な食事法の12のルールを導き出しています。

　その5年前ジョギング中に狭心症の発作で倒れたのがきっかけで、ジャンクフード漬けの不健康な食生活を見直し、自分の命を救おうと一念発起しました。調べていくうちに、中には科学的根拠が全くなく、むしろ人体に悪影響を与えかねないダイエット法もあることが解りました。最終的に「植物性食品を食事の中心に置きましょう」と結論づけています。

　菜食主義の歴史は古く、最初は「動物を殺すことは殺人に等しい」という人道・宗教・倫理的理由から食肉を忌み嫌いました。医学的側面が強調された

のは20世紀に入ってからで、アメリカのJohn Harvey Kellogg が「動物性タンパク質が繁殖させる腸内細菌の毒で健康を害する」と説き、菜食主義者向けのシリアルとしてコーンフレークを考案しました。今では実に多種多様な食事法が提唱されていて、自分に合った方法を見つけ出すのが大変です。

　ゲルマン人は狩猟民族でしたから、伝統的なドイツ料理は肉が中心です。近年様々な理由から特に若い世代でベジタリアンが増えていますが、実は全く動物性食品を食べない生粋の菜食主義者は国民の6％で、大半は菜食中心でも時には肉を食べるフレキシタリアンです。

　農耕民族の日本人は伝統的に菜食中心で、宗教・習慣的に明治維新まであまり動物の肉を食べませんでしたが、戦後肉の消費量が格段に増えました。日本人の食生活と体質は大きく変わったと言えるでしょう。

7 Ernährungstrends

Neulich wollte ich Freunde zum Abendessen einladen. Ich begann, das Menü zu planen. Je länger ich nachdachte, desto schwieriger wurde die Sache. Fleisch oder Fisch? Nein. Christina und Julian ernähren sich *vegetarisch*[1]. Vielleicht ein Reis- oder Kartoffelgericht? Das ging auch nicht. Petra isst *Low Carb*[2]. Oder ein leckeres Omelett und Eis zum 5 Nachtisch? Auch das war keine gute Idee, denn Luisa lebt streng *vegan*[3]. Und Jürgen isst ab 17 Uhr gar nichts mehr, weil er das *Intervallfasten*[4] praktiziert. Man könnte verzweifeln! Glücklicherweise waren die übrigen Gäste unkompliziert. Sie essen alles, was gut schmeckt. Ich entschied mich für ein Gemüsebüfett[5]. Gemüse war die Lösung für alle. 10

Essen ist heute für viele Menschen eine sehr individuelle Angelegenheit. Wer sich für eine besondere Ernährungsform entscheidet, hat meist gesundheitliche, ethische oder ökologische Gründe[6] dafür. Gut die Hälfte der Bevölkerung bezeichnet sich als *Flexitarier*[7]. Das sind Leute, die nur gelegentlich Fleisch essen. Fast jeder Dritte aber isst täglich 15

---

1 *vegetarisch*「菜食主義の」。健康、倫理、宗教等の理由から動物性食品の一部または全部を避ける食生活を言う。何を食べないかにより様々な菜食主義がある

2 *Low Carb*「ローカーボ（Carb=carbohydrate）」低糖質、低炭水化物。近年では炭水化物の摂取量を制限して肥満や糖尿病を改善する低炭水化物食も注目されている

3 *vegan*「ヴィーガン、完全菜食主義の」。動物性食品を一切食べないだけでなく、動物に由来する物や道具も一切使わない。イギリス・ヴィーガン協会（1944 年～）設立者の一人 Donald Watson の造語

4 *Intervallfasten*「インターバル絶食」。時間・日数単位で固形物を食べず、新陳代謝を健全化する食事療法。5 日普通に食べて 2 日絶食する 5 対 2 絶食、16 時間何も食べない 16 対 8 絶食、夕食絶食などがある

5 ein Gemüsebüfett「野菜ビュッフェ」。野菜中心の料理を数品用意しバイキング形式で供すれば、どんな食事法の招待客も食べたいもの、食べられるものを自由に選択できる

6 gesundheitliche, ethische oder ökologische Gründe「健康、倫理、生態学（環境保護）上の理由」。菜食主義を実践する理由は、痩せたいとか、動物を殺すのは人道に反するとか様々に異なる

7 *Flexitarier*「フレキシタリアン、準菜食主義（flexible+vegetarian）」菜食中心だが時には肉・魚を食べる人。近年ドイツ国民の半数以上が、野菜中心で動物性食品の摂取を控えた食生活を心がけている

Fleisch und Wurst. Etwa sechs Prozent der Deutschen sind Vegetarier[8]. Bei den 14-bis 29-Jährigen sind es fast doppelt so viel. Ein Prozent der Menschen lebt vegan und lehnt alle Produkte tierischer Herkunft ab. Das Angebot an veganen Lebensmitteln und veganer Gastronomie wächst

20 ständig. Darüber hinaus gibt es eine Vielzahl weiterer Ernährungstrends. Sie heißen zum Beispiel *Clean Eating*[9], *Paläo-Diät*[10], *Low Carb, Slow Food*[11] oder *Raw Food*[12]. Insgesamt wächst das Interesse an biologisch erzeugten Lebensmitteln, an regionalen Produkten, aber auch an sogenanntem *Superfood*[13].

25 Der Abend mit meinen Gästen war übrigens sehr schön. Als alle weg 🎧2-08 waren, habe ich mich in einen Sessel gesetzt und im „Ernährungskompass" gelesen. In diesem Bestseller versucht der Autor Bas Kast[14], Ordnung in das Diätenchaos zu bringen. Er wertet Tausende von wissenschaftlichen Studien zum Thema Ernährung aus. Ein zentraler Rat in seinem Fazit

30 lautet: „Machen Sie Pflanzen zu Ihrer Hauptspeise!" Mein Gemüsebüfett war also eine gute Idee.

---

8   Vegetarier「菜食主義者」。2020 年の調査によると、毎日肉類を食べている人はドイツ国民の 33%、菜食主義者は 6%（29 歳以下の若者に限れば 12%）、ヴィーガンは 1% という統計結果が出ている

9   *Clean Eating*「クリーンイーティング」人工着色料、香料、保存料等を使わず、食べ物をできるだけ自然に近い状態で食べること。もともとは自然界で手に入る食材を食べることを意味した

10 *Paläo-Diät*「パレオダイエット、原始人食」。約 260 万年前から農耕が始まる約 1 万年前まで人類が食べてきた食事。人間の遺伝子に適合したものをとるので、中性脂肪値やコレステロール値の改善などに効果があると言われている

11 *Slow Food*「スローフード」その土地の伝統的な食品や食材。ファストフードに対する「スローライフ運動」の一部として 1986 年イタリアの Carlo Petrini が提唱した

12 *Raw Food*「ローフード、生食」。火を使わず生で食べ、酵素、ビタミン、ミネラルなどの栄養素を効率良く摂取するという考え。摂氏 48 度以下なら酵素が破壊されないので、加熱してもよいと言う人もいる

13 *Superfood*「スーパーフード」。アサイーやチアシードなど、一般食品に比べ非常に栄養価が高く、栄養バランスに優れ、あるいは特定の健康成分を多く含み、健康の保持増進に役立つとされる食品をいう

14 Bas Kast「バ・カスト」（1973 年 Landau in der Pfalz 生まれ）。科学ジャーナリストで、あらゆる食事法を検証した著書 Der Ernährungskompass「栄養コンパス」（2018 年）がベストセラーになった

Ⅰ　次の動詞の3基本形を書きましょう。

(1) nachdenken　(2) praktizieren　(3) entscheiden　(4) ablehnen　(5) setzen

Ⅱ　下線部の動詞を、使われている時制で人称変化させましょう。

(1) Das <u>ging</u> auch nicht.

(2) Jürgen <u>isst</u> ab 17 Uhr gar nichts mehr.

(3) Das Angebot an veganen Lebensmitteln <u>wächst</u> ständig.

Ⅲ　次の名詞句を1〜4格まで変化させましょう。

(1) ein leckeres Omelett　　　　　　(2) eine sehr individuelle Angelegenheit

(3) tierische Herkunft　　　　　　　(4) ein zentraler Rat

Ⅳ　下線部に適切な前置詞を補いましょう。

(1) Neulich wollte ich Freunde ___m Abendessen einladen.

(2) Ich entschied mich ___ ein Gemüsebüfett.

(3) Insgesamt wächst das Interesse ___ biologisch erzeugten Lebensmitteln.

(4) Der Abend ___ meinen Gästen war übrigens sehr schön.

(5) Der Autor versucht, Ordnung ___ das Diätenchaos zu bringen.

Ⅴ　本文の内容と一致しているものに×をつけましょう。

☐ (1) In Deutschland muss man sich für eine Ernährungsform entscheiden.

☐ (2) Die Hälfte der deutschen Bevölkerung isst täglich Fleisch und Wurst.

☐ (3) Etwa sechs Prozent der Deutschen leben vegan.

☐ (4) Ein Prozent der Deutschen lehnt alle Produkte tierischer Herkunft ab.

☐ (5) Bas Kast wertet wissenschaftliche Studien zum Thema Ernährung aus.

KAPITEL **8**

Minimalismus: Weniger ist mehr

Unverpackt の店舗での
シリアル購入風景

ミニマリズム：少ないほど豊か

　現代社会はモノに溢れていて、ともするとモノに縛られ身動きができない息苦しさを感じます。そのような中で2019年片づけコンサルタントの近藤麻理恵がアメリカの家庭を訪問して片づけ法を教えるシリーズ番組を動画配信会社のNetflixで公開。欧米で大きな反響を呼び、ドイツでも話題になっています。

　10年前日本では、ヨガに啓発された作家のやましたひでこが「新・片付け術　断捨離」を、近藤麻理恵（通称KonMari）が「人生がときめく片づけの魔法」を次々と発表し、最小限主義ブームに火をつけました。2015年には「ミニマリスト」が流行語となり、KonMariがタイム誌の「最も影響力のある100人」アーティスト部門の一人に選ばれました。

　最小限主義は片づけ法のみならず、様々な形の無駄をなくす努力として実行されています。たとえばドイツで今注目されているのは「包装ゼロの店」です。包装ごみを全く出さないよう、商品をむき出しのま

まガラス瓶に入れて陳列し、買物客が持参した容器に移して量り売りします。

　あるいは隣国オランダでさかんなのは「リペアカフェ」です。壊れた家電や家財道具を修理技術のあるボランティアの助けをかりて直すイベントで、モノを大事に使い廃棄物を減らす効果をあげています。財団が購入した３Ｄプリンターで欠けた部品をスキャン再現するなどの最新の技術を駆使し、かなり複雑な修理作業もできるようになっています。

　他にも自家用車を持たず皆で車を共有するカーシェアリング、環境にやさしく安価な材料を用いて化粧品や洗剤を手作りする講習会の開催など、それぞれささやかで地道な努力ですが、このような活動が集まれば大きな力となるでしょう。モノが豊かな成熟した社会では、逆に無駄をなくしスリム化しないと、心豊かな幸せな生き方を得られないのかもしれません。

8 Minimalismus: Weniger ist mehr

2-10   Wir leben im Überfluss[1]. Aber es regt sich Widerstand gegen den grenzenlosen Konsum. Immer mehr Menschen entdecken Minimalismus[2] als Leitlinie für ihren Lebensstil. Dahinter steht die Frage: Was brauche ich wirklich zum Leben und was nicht?

2-11   Das Ideal der Selbstbeschränkung ist natürlich nicht neu. Der 5 griechische Philosoph Diogenes von Sinope[3] soll in einem Fass gelebt haben. Außer einem Wollmantel, einem Rucksack mit Proviant und einem Stock hat er angeblich nichts besessen. Dagegen besitzt jeder Deutsche im Schnitt 10.000 Dinge. Viele Menschen haben inzwischen den Verdacht, dass es nicht glücklich und zufrieden macht, viele Dinge anzuhäufen. 10 Bestätigt wird dies von einer Frau, die das Time Magazine[4] 2015 zu den 100 weltweit einflussreichsten Persönlichkeiten gezählt hat: Marie Kondo[5]. Die zierliche Japanerin hilft beim Aufräumen und Entrümpeln. Sie hat dafür ihre eigene Methode und Philosophie: Miste schrittweise nach Kategorien aus. Nimm jedes Objekt in die Hand und überlege, ob es dich 15

---

1   im Überfluss leben「ぜいたくな暮らしをする」。大量生産、大量消費の現代社会ではモノが溢れており、それに対する反動から「モノも仕事も人間関係も最小限でいい」という新しいライフスタイルが注目を浴びている

2   Minimalismus「最小限主義」。自分にとって本当に必要な物だけを持つことにより、かえって豊かに生きられるという考え方。日本では作家やましたひでこの著書「新・片付け術　断捨離」(2009 年) で話題になった。「断捨離」は 2010 年、「ミニマリスト」は 2015 年の流行語に選ばれた

3   Diogenes von Sinope「シノペのディオゲネス」(紀元前 412? − 323)、シノペは生地名。古代ギリシャの哲学者で、犬儒派（キュニコス派）の思想を体現し犬のような生活をおくった。酒樽（ギリシャの酒樽は木製ではなく大甕だった）に住み、最小限の生活用品しか持たなかったという

4   das Time Magazine「タイム誌」アメリカの世界初 (1923 年創刊) のニュース雑誌。2015 年アーティスト部門の「最も影響力のある 100 人」に女優 Jamie Lee Curtis の推薦で近藤麻理恵を選んだ

5   Marie Kondo「近藤麻理恵」(1984 年東京生まれ)。片づけコンサルタントで、処女作「人生がときめく片づけの魔法」(2010 年) がベストセラーとなった。彼女の著書は 27 言語に翻訳されて世界中で 700 万部売れている。こんまり (KonMari) の愛称で知られ、アメリカを中心に片づけブームを巻き起こした

glücklich macht. Trenne dich mit Respekt und Dankbarkeit von den Dingen. Was bleibt, bekommt seinen festen Platz. Gewinne Klarheit, Selbstbestimmung und geistigen Raum, denn „Die Unordnung im Zimmer entspricht der Unordnung im Herzen". Weltweit sieben Millionen
20 verkaufte Bücher in 27 Sprachen und eine eigene Netflix-Serie[6] beweisen ihren Erfolg. Den hat sie auch in Deutschland.

Um das Entrümpeln und die Beschränkung auf das Wesentliche in allen 🎧 2-12 Lebensbereichen geht es in dem Konzept *Simplify Your Life*[7]. Viele Menschen wünschen sich ein einfacheres Leben, das im besten Fall mehr
25 Zeit, mehr Geld, weniger Stress, mehr Nachhaltigkeit und mehr Glück bedeutet. Wege dahin zeigt der Pfarrer und Karikaturist Werner Tiki Küstenmacher[8] seit mittlerweile zwanzig Jahren mit seinem Klassiker der Lebensführung.

Minimalismus hat viele Gesichter. Er zeigt sich auch beim Einkauf im 🎧 2-13
30 Unverpacktladen[9], beim Besuch eines Repair-Cafés[10], beim Car-Sharing[11], im schlichten Design der Einrichtung oder beim Selbermachen von Kosmetik oder Putzmitteln aus wenigen Zutaten. Welche Kraft dieser Trend entwickeln wird, muss die Zeit zeigen.

6　eine Netflix-Serie「ネットフリックス・シリーズ番組」。2019年Netflix（動画配信サービス運営会社）で米国の家庭を訪問し片づけ法を伝えるシリーズ番組 Tidying Up with Marie Kondo を公開した

7　*Simplify Your Life*「人生を簡素化せよ」。Küstenmacher が 2001 年に出した本の題名で、40 か国で 400 万部売れた。同名の月刊誌も 1998 年から発行しており、彼のライフワークとなっている

8　**Werner Tiki Küstenmacher**「ヴェルナー・ティキ・キュステンマッハー」(1953 年 München 生まれ)。福音ルーテル教会の牧師を務めるかたわら、フリーの著作家、風刺画家としても活動している

9　der Unverpacktladen「包装ゼロの店」。ゼロごみ運動から発展したもので、2014 年 Kiel に Unverpackt 第 1 号店がオープンして以来店舗が増えている。食品は一切包装されておらず、ガラス容器に入って陳列棚に並び、量り売りされる。容器は買物客が持参するが、店内でも売っている

10　ein Repair-Café「リペアカフェ」家電や道具を修理する集会で、オランダの女性ジャーナリスト Postma が 2009 年に開始した。翌年リペアカフェ財団を設立し、世界中で登録団体が増えている。財団が所有する修理道具を利用しボランティアの助けをかりて修理し、廃棄物を減らす効果をあげている

11　das Car-Sharing「カーシェアリング」。登録した会員間で特定の自動車を共同使用するシステムで、レンタカーよりも短時間の利用を想定し、便利で安く借りられるように設定されている

Übungen

Ⅰ 次の動詞の3基本形を書きましょう。

(1) besitzen (2) bestätigen (3) bekommen (4) beweisen (5) bedeuten

Ⅱ 下線部の動詞を、使われている時制で人称変化させましょう。

(1) Die zierliche Japanerin <u>hilft</u> beim Aufräumen und Entrümpeln.

(2) Die Unordnung im Zimmer <u>entspricht</u> der Unordnung im Herzen.

(3) Viele Menschen <u>wünschen</u> sich ein einfacheres Leben.

Ⅲ 次の名詞句を1〜4格まで変化させましょう。

(1) der grenzenlose Konsum   (2) der griechische Philosoph

(3) jeder Deutsche   (4) sein fester Platz

Ⅳ 下線部に適切な前置詞を補いましょう。

(1) Wir leben ___ Überfluss.

(2) Jeder Deutsche besitzt ___ Schnitt 10.000 Dinge.

(3) Trenne dich mit Respekt und Dankbarkeit ___ den Dingen.

(4) ___ das Entrümpeln geht es in dem Konzept *Simplify Your Life*.

(5) Ich habe die Kosmetik ___ wenigen Zutaten selber gemacht.

Ⅴ 本文の内容と一致しているものに×をつけましょう

☐ (1) Diogenes war Fassmacher in Sinope.

☐ (2) Marie Kondo wurde 2015 zur Bürgermeisterin in New York gewählt.

☐ (3) Die Bücher von Marie Kondo sind in 27 Sprachen übersetzt.

☐ (4) Werner Tiki Küstenmacher ist Pfarrer.

☐ (5) Seit zwanzig Jahren gibt Küstenmacher seine Monatshefte heraus.

KAPITEL 9

Der Baron von Münchhausen:
Ein Geschichtenerzähler wird 300 Jahre alt

ほら吹き男爵生誕300年

　奇想天外な冒険談で知られる「ほら吹き男爵」には実在のモデルがいます。プロイセン貴族のミュンヒハウゼン男爵で、現ニーダーザクセン州のボーデンヴェルダーという小さな町に生まれ、2020年に生誕300年を迎えました。

　15歳の時、ロシア在住で親戚のブラウンシュヴァイク公子アントン・ウルリヒに小姓として仕え、2年後ロシアに赴いてロシア軍騎兵少尉となり、対オスマン帝国戦にも参加。その時の体験が、童話「ほら吹き男爵の冒険」の基盤になっています。

　1750年故郷に戻って家督を継ぎ、館に客を招いて冒険談を披露するのが楽しみだった男爵は、非常に話上手で、聞いている方は嘘と知りながら聞き入りました。それを書き取った匿名の筆者が、本人に無断で1781年「M-h-s-n氏の話」を出版しました。さらに他のエピソードも書き加えて1785年に「ミュンヒハウゼン男爵のロシアの驚異の旅行と作

戦の談話」を書いたのがルドルフ・エーリヒ・ラスペです。

　ラスペはヘッセン＝カッセル方伯のフリードリヒ2世の考古学遺物コレクションを管理していましたが、その一部を横領・売却したことが発覚し、逮捕をのがれようとイギリスに逃亡しました。生活費を得るため英語でこの本を書き、評判になりました。

　それをドイツ語に訳し、さらに加筆して逆輸入したのが、ゲッティンゲン大学の講師だったゴットフリート・アウグスト・ビュルガーです。これが現在ドイツで最も知られている版の一つですが、ビュルガーは自分が著者であることを生前は公けにしませんでした。

　ミュンヒハウゼン男爵自身は、「ほら吹き男爵」と馬鹿にされた上に自分の話が無断で利用されることを憤慨しましたが、おかげで後世に名を残すことができたのですから良しとすべきかもしれません。

9 Der Baron von Münchhausen: Ein Geschichtenerzähler wird 300 Jahre alt

Stellen Sie sich vor, ein weit gereister Mann erzählt Ihnen seine Abenteuer. Was Sie zu hören bekommen, versetzt Sie in maßloses Erstaunen: Im russisch-türkischen Krieg[1] habe er das feindliche Lager ausspionieren sollen. Um dorthin zu gelangen, sei er auf einer Kanonenkugel[2] geritten. Während seiner Gefangenschaft im Reich des 5 türkischen Sultans[3] habe er versehentlich seine silberne Axt[4] bis hinauf zum Mond geschleudert. An einer Bohnenranke sei er hinaufgeklettert, um das Werkzeug zurückzuholen. Ein anderes Mal sei er mit seinem Pferd im Sumpf versunken. Da habe er sich selbst mitsamt seinem Ross am eigenen Haarschopf[5] aus dem Morast gezogen. 10

Würden Sie dem Erzähler seine Geschichten glauben? Natürlich nicht. Das sind Lügengeschichten, würden Sie denken. Wenn sie aber gut erzählt sind, dann würden Sie sich großartig darüber amüsieren und mehr davon hören wollen. Lügengeschichten sind eine Erzählgattung[6] mit einer langen literarischen Tradition. Unsere Geschichten hier werden einer Person 15

---

1 der russisch-türkische Krieg 「露土戦争」。ロシア帝国とトルコ（オスマン帝国）の間では 17 世紀末～ 20 世紀の約 200 年に大小 12 回の戦争が起きた。Münchhausen 男爵がロシア軍人として出征したのは 1740/41 年なので、1735 ～ 39 年の戦いを指すと思われる

2 eine Kanonenkugel 「大砲の玉」。斥候の役を命じられ、自軍の打った大砲の玉に乗って敵陣の様子を探り、敵軍の打った大砲の玉に乗って帰ってきたという話

3 der türkische Sultan 「トルコ王」。スルターンはアラビア語で「権力、権威」を意味し、11 世紀に初めてイスラム世界の君主号として用いられた。現在もオマーン、ブルネイで用いられている

4 eine silberne Axt 「銀の斧」。トルコ軍に捕まってミツバチの見張り番を命じられ、クマを追い払うのに投げた斧が月に引っ掛かり、トルコ豆の蔓をつたって取りに行ったという話

5 der Haarschopf 「頭髪の束」。底なし沼にはまった時、乗っていた馬の腹を両膝に挟み、自分で自分のおさげ髪をつかんで怪力にまかせて引っ張り上げ、命拾いをしたという話

6 eine Erzählgattung 「物語（文学）ジャンル」。たとえば古代ローマの風刺作家 Lucianos が月旅行について書いた小説「本当の話」（167 年頃）、モーセの口伝律法を集約したユダヤ教の聖典タルムード（6 世紀）、イスラム世界の説話集「千一夜物語」（～ 15 世紀）など、空想文学の歴史は古い

zugeschrieben, die unter dem Beinamen „Lügenbaron" berühmt geworden ist. Die Rede ist von Hieronymus Carl Friedrich Freiherr von Münchhausen[7]. Der Baron lebte im 18. Jahrhundert auf einem Landgut im Städtchen Bodenwerder[8] im Weserbergland. Als junger Mann verbrachte

20 er viele Jahre in Russland und im Baltikum[9]. Nachdem er wieder an die Weser heimgekehrt war, erzählte er abends bei Punsch und Tabakspfeife seinen Freunden Geschichten. Seine Fabulierkunst[10] war weithin bekannt.

Er selbst hat seine Geschichten nie aufgeschrieben. Das haben ohne 🎧 2-17 sein Wissen andere getan. Seine Anekdoten gelangten bis nach England.

25 Die Verbreitung in Deutschland geht auf den deutschen Dichter Gottfried August Bürger[11] zurück. Der übersetzte die englische Vorlage und fügte eigene Geschichten hinzu.

2020 wird der 300. Geburtstag des Barons von Münchhausen gefeiert. 🎧 2-18 Sein Ruhm und sein Erzähltalent haben den Jubilar[12] aber nicht glücklich

30 gemacht. Er war verärgert darüber, dass andere mit seinen Geschichten Geld verdienten und fühlte sich als „Lügenbaron" verspottet. Er starb einsam und verarmt im Alter von 76 Jahren in Bodenwerder.

---

7 Hieronymus Carl Friedrich Freiherr von Münchhausen「ヒエロニムス・カール・フリードリヒ・フォン・ミュンヒハウゼン男爵」(1720-97)。プロイセン貴族で、1737 年ロシアの Braunschweig 公子 Anton Ulrich に出仕。2 年後ロシア軍騎兵少尉となり大尉まで昇格するが、1750 年帰省し家督を継いだ

8 Bodenwerder「ボーデンヴェルダー」。Niedersachsen 州 Weserbergland（Weser 川岸辺に広がる丘陵地帯）にある小さな町。1935 年男爵の生家を市が買い取って市庁舎にした。男爵の博物館もある

9 das Baltikum「バルト諸国」。Estland(エストニア)、Lettland(ラトビア)、Litauen(リトアニア)の三国を言い、18 世紀ロシア帝国に支配された。男爵は騎兵中尉時代 Lettland の首都 Riga に駐屯した

10 die Fabulierkunst「空想芸術」。Rudolf Erich Raspe (1736-94) が逃亡先のイギリスで「ミュンヒハウゼン男爵のロシアの驚異の旅行と作戦の談話」(1785 年) を英語で書き、大評判になった

11 Gottfried August Bürger「ゴットフリート・アウグスト・ビュルガー」(1747-94)。啓蒙主義派の詩人で、Raspe 版をドイツ語に訳し、さらに加筆してドイツに逆輸入した

12 der Jubilar「記念日を祝ってもらう人」。男爵自身は「ほら吹き男爵」と馬鹿にしながら自分の話をネタに儲ける輩をこころよく思っていなかった。1794 年に 20 歳の Bernhardine Brunsig von Brunn と再婚したが破局し、離婚訴訟で財産のほとんどを失って 3 年後不遇のうちに亡くなった

Übungen

I   次の動詞の3基本形を書きましょう。

(1) versinken   (2) erzählen   (3) aufschreiben   (4) tun   (5) verspotten

II   下線部の動詞を、使われている時制で人称変化させましょう。

(1) Er verbrachte viele Jahre in Russland und im Baltikum.

(2) Seine Anekdoten gelangten bis nach England.

(3) Er starb im Alter von 76 Jahren in Bodenwerder.

III   次の名詞句を1～4格まで変化させましょう。

(1) ein weit gereister Mann   (2) der russisch-türkische Krieg

(3) eine lange literarische Tradition   (4) die englische Vorlage

IV   下線部に適切な前置詞を補いましょう。

(1) Sie würden sich dann großartig dar___ amüsieren.

(2) Die Rede ist ___ Freiherrn von Münchhausen.

(3) Das haben ___ sein Wissen andere getan.

(4) Die Verbreitung in Deutschland geht ___ Gottfried Bürger zurück.

(5) Er war verärgert dar___, dass andere mit seinen Geschichten Geld verdienten.

V   本文の内容と一致しているものに✗をつけましょう。

☐ (1) Lügengeschichten sind eine Musikgattung.

☐ (2) Hieronymus, Carl und Friedrich sind die Vornamen des Barons.

☐ (3) Die Stadt Bodenwerder liegt im Weserbergland.

☐ (4) Gottfried August Bürger ist Engländer.

☐ (5) Der Baron von Münchhausen lebte 76 Jahre lang in Russland.

KAPITEL 10

Abschied von der *Lindenstraße*

撮影中の出演者
（1986 年当時）

「リンデンシュトラーセ」最終回

　35 年間続いた長寿連続ドラマ番組「リンデンシュトラーセ」が最終回を迎えました。1985 年 12 月 8 日に第 1 話が始まって以来多くのファンを魅了し、ピーク時には 1400 万人が見た超人気番組でしたが、最近では 200 万人弱に視聴者の数が落ち込み、2020 年 3 月 29 日の第 1758 話を最後に打ち切られました。最終回は 409 万人が見て別れを惜しみました。

　ミュンヘンにある架空の通り「リンデンシュトラーセ」に住む人々が主人公で、彼らの 1 日の出来事を追うストーリーになっています。どこにでもいる隣人、誰にでも起きうる事件に、視聴者はまるで自分も住人の一人であるかのような親近感をおぼえ感情移入しました。

　さらにこのドラマを魅力的にしたのは、その時々に話題になった最新の政治・社会問題を劇中に挿入したことです。それにより単なる娯楽番組のホーム

ドラマではなく、ドラマを通じて今社会で起きていることを視聴者に考えさせる付加価値が生じ、老若男女広い年齢層でファンを獲得しました。

　しかしながら、この時勢に合わせたストーリー作りは両刃の刃で、若者の興味は惹きましたが、年配のオールドファンにはついていけないもどかしさを感じさせました。たとえば極右の襲撃にあいギリシャ料理店で住民が犠牲になったり、周囲の反対を押し切って同性愛を貫く決心をしたりと、穏やかなドラマを望む年配層には刺激が強すぎ面白くなかったのです。

　逆に若者層にとっては、いくら最新の社会問題を扱う試みがあっても、オールドファン向けの従来のドラマ構成は変わらなかったので、古めかしいという印象をぬぐえませんでした。結局どちらの年齢層のファンも離れていき、放送局との放映権契約を延長できず、終止符を打つことになりました。

10 Abschied von der *Lindenstraße*

2-20   Fast 35 Jahre lang hatten Millionen Deutsche jeden Sonntagabend[1] um kurz vor sieben Uhr eine wichtige Verabredung. Sie trafen sich mit guten Bekannten: mit den Bewohnern der Lindenstraße. Die *Lindenstraße* war die erste deutsche Seifenoper[2] und eine der beliebtesten Serien in der Geschichte des deutschen Fernsehens. Jetzt geht diese Ära zu Ende.   5

2-21   Der namhafte Regisseur Hans W. Geißendörfer[3] ist Schöpfer und Produzent der *Lindenstraße*. Ort der Handlung[4] ist München, gedreht wurde aber in Köln. Die erste Folge lief im Dezember 1985 im WDR[5], die letzte im März 2020. In der erfolgreichsten Phase[6] saßen zur „Lindenstraßenzeit" vierzehn Millionen Menschen vor ihren Fernsehbildschirmen.   10

2-22   Was machte die Serie so beliebt? Der Cliffhanger[7], der das Publikum von Folge zu Folge trieb? Die Alltagsgeschichten aus typisch deutschen Wohnzimmern: Glück und Leid, Probleme und Krisen, Skandale und Tragödien? Die Vielfalt von Typen und Charakteren, die wir aus der eigenen Lebenswirklichkeit kennen? Ein wenig von all dem vielleicht. Vor   15

---

1 jeden Sonntagabend「毎週日曜日の晩に」。1985 年 12 月 8 日（日）の第 1 回放送は 18:40 から 30 分間で、2005 年から 18:50 開始になった。平凡な初めの一日の出来事がストーリーとなっている

2 die erste deutsche Seifenoper「ドイツ初の連続ドラマ番組」。Soap-Opera はアメリカのラジオ昼メロが起源で、主婦がターゲットなため主に洗剤の会社がスポンサーとなり、平日の昼間放送された

3 Hans W. Geißendörfer「ハンス・W・ガイセンデルファー」1941 年 Augsburg 生まれの映画監督。1982 年独自の会社を設立し、この連ドラ番組を制作した。最初の 31 回目までは脚本も自分で書いた

4 Ort der Handlung「話の舞台」。Geißendörfer が育った Bayern 州の Neustadt an der Aisch の住宅街がモデルで、州都 München にある通りと想定されたが、撮影は Köln の撮影所にセットを作って行われた

5 WDR「西ド イ ツ 放 送（Westdeutscher Rundfunk Köln, Rundfunkanstalt des Landes Nordrhein-Westfalen の略）」。この番組は地方局の WDR が制作したが、全国ネットの ARD「ドイツ第一放送」で放映された

6 die erfolgreichste Phase「最盛期」。視聴率は 1987 〜 88 年がピークで、最高 1400 万人がチャンネルを合わせた回があったが、近年では 200 万人に達せず低迷した。最終回は 409 万人が見た

7 Cliffhanger「次回予告」。番組の最初と最後に同じ主題歌が流れたが、エンディングでは次回の中心人物が登場してあらすじを予告し、視聴者の興味を喚起した

allem aber bewiesen Geißendörfer und sein Team ein Gespür für politisch und gesellschaftlich relevante Themen, die gerade in der Luft lagen. Das Milieu war gewöhnlich, die Themen aber waren hochaktuell, häufig strittig oder provokativ: Umweltbewegung, Arbeitslosigkeit, Rechtsextremismus,

20 Islamismus, Migration, Vegetarismus, Drogen, Aids, Sterbehilfe und Homosexualität[8]. Es waren fiktive Geschichten vor dem Hintergrund von drei Jahrzehnten deutscher Realität. Manchmal vermischten sich Fiktion und Realität tatsächlich: An Wahlsonntagen wurden die aktuellen Hochrechnungen[9] über die Fernsehbildschirme der Lindenstraßenbewohner

25 eingeblendet und in der letzten Folge hörte man Nachrichten zur Corona-Pandemie[10] aus dem Radio.

    Nach der 1758. Folge ist nun Schluss mit der Kultserie – wegen hoher Kosten und sinkender Einschaltquoten[11]. Zwei Millionen Fans hatte die *Lindenstraße* zuletzt. Viele nehmen wehmütig Abschied. Mancher

30 Schauspieler[12] begann seine Karriere bei der *Lindenstraße* als Kind und blieb bis ins Erwachsenenalter in seiner Rolle. Auch mancher treue Zuschauer hat einen Großteil seines bisherigen Lebens mit den vertrauten Bewohnern der Lindenstraße verbracht.

---

8   Umweltbewegung「環境運動」、Arbeitslosigkeit「失業」、Rechtsextremismus「極右」, Islamismus「イスラム主義」、Migration「移民」、Vegetarismus「菜食主義」、Drogen「麻薬」、Aids「エイズ」、Sterbehilfe「自殺幇助」、Homosexualität「同性愛」。このドラマでは住人たちの日常生活の描写の中にさりげなく最新の政治社会問題が挿入された

9   die aktuellen Hochrechnungen「開票速報」。ドイツも投票は日曜で、即日開票され速報が出る。収録は放映の３か月前に撮り終えたが、開票速報映像を後撮りし、ドラマ中のテレビに挿入して最新性を強調した。もともとこのドラマは木曜のゴールデンアワーに放映される予定だったので、ある木曜日の出来事が取り上げられたが、クリスマス、イースター、選挙など特別な出来事がある時は例外で他の曜日も扱われた

10 die Corona-Pandemie「コロナ大流行病」。最終回ではドラマ中のラジオから、新型コロナウィルス感染症の拡大を伝えるニュースが流れた

11 hohe Kosten「高い費用」、sinkende Einschaltquoten「減少する視聴率」。「娯楽番組は視聴率が命」と考える ARD は、2018 年 11 月 Geißendörfer 制作会社との契約を延長しない方針を決めた

12 mancher Schauspieler「俳優たちの中には」。たとえば劇中 Beimer 家の次男 Klaus Beimer の役を演じた Moritz A. Sachs は７歳で第１話に登場し、35 年後の最終回まで毎回出演した

Übungen

Ⅰ　次の動詞の 3 基本形を書きましょう。

(1) drehen　　(2) laufen　　(3) kennen　　(4) sein　　(5) beginnen

Ⅱ　下線部の動詞を、使われている時制で人称変化させましょう。

(1) Zur „Lindenstraßenzeit" <u>saßen</u> viele Menschen vor ihren Fernsehern.

(2) Aus dem Radio <u>hörte</u> man Nachrichten zur Corona-Pandemie.

(3) Zwei Millionen Fans <u>hatte</u> die *Lindenstraße* zuletzt.

Ⅲ　次の名詞句を 1〜4 格まで変化させましょう。

(1) die beliebtesten Serien　　　　　(2) typisch deutsche Wohnzimmer

(3) mancher treue Zuschauer　　　　(4) sein bisheriges Leben

Ⅳ　下線部に適切な前置詞を補いましょう。

(1) Jeden Sonntagabend trafen sie sich ＿＿ guten Bekannten.

(2) Jetzt geht diese Ära ＿＿ Ende.

(3) Der Cliffhanger trieb das Publikum ＿＿ Folge ＿＿ Folge.

(4) Die Themen lagen gerade ＿＿ der Luft.

(5) Nun ist Schluss ＿＿ der Kultserie.

Ⅴ　本文の内容と一致しているものに×をつけましょう。

☐ (1) Die *Lindenstraße* wurde jeden Donnerstag gesendet.

☐ (2) Hans W. Geißendörfer produzierte die *Lindenstraße*.

☐ (3) Die Themen der *Lindenstraße* waren sehr aktuell.

☐ (4) An Wahlsonntagen konnte man die *Lindenstraße* nicht sehen.

☐ (5) Die *Lindenstraße* endete mit der 1758. Folge.

KAPITEL 11

Coronakrise in Deutschland

ドイツのコロナ禍

　2020年1月27日ドイツ国内で初の新型コロナウイルス感染症患者が確認されました。以来感染拡大が止まらず、一日の新規患者数が4千人を越えた段階でロックダウンに踏み切りました（3月23日）。その甲斐あって一日の新規患者数がピーク時の5分の1に減少したため4月末から段階的に封鎖を解除し、一時は2百人台まで下がりました。しかし10月頃から第二波が生じて1日の新規患者数が1万9千人に達し、11月2日から緊急の部分的ロックダウンが実施されました。学校や小売店は衛生面に注意しながら動いていますが、飲食店は営業停止。旅行も自粛が求められています。

　国民の大半は政府の感染拡大防止策に従っていますが、不自由な生活に不満をいだく人もおり、大規模なデモがあちこちで起きています。民主主義を唱える法治国家としては、国民の言論・集会の自由を奪うわけにいかず、開催は容認していますが、マスクの着用やソーシャルディスタンスを保つよう呼びかけても応じない場合には、政府の取り決めを無視したという理由で集会の解散を命じています。

　とにかく日々のうっ憤を発散したいというのが参加者たちの一番の動機なので、いったい誰が何を主張して集まっているのか全く判然としないというのが現状です。ドイツ人は個人主張が強いので、世界的感染症が拡大している非常事態だとわかっていても、自分に与えられているはずの権利が少しでも侵害されるだけで不快感をあらわにします。

　ドイツ人にはこれまでマスクを着ける習慣がなかったので、日本人が風邪や花粉症の予防でマスクをしていると、よく奇異に感じたり、笑ったりしていました。今メルケル首相をはじめ閣僚たちがみなマスク姿でテレビに映ると不思議な感じがします。

11 Coronakrise in Deutschland

2-24 2-25
ナチュラル ゆっくり

Die Menschheit hat einen gemeinsamen Gegner. Er heißt SARS-CoV-2[1]. Trotzdem gibt es beim Zusammentreffen mit diesem neuartigen Coronavirus in verschiedenen Regionen der Welt Unterschiede. Auch Deutschland erlebt die Coronakrise auf seine Weise.

2-26

1 Ein Blick auf sieben Monate Pandemie in Deutschland ⁵

2-27

Die ersten Fälle der Lungenkrankheit COVID-19[2] in Deutschland gab es Ende Januar. Zuerst unterschätzten die Deutschen die Krankheit und feierten fröhlich Karneval und Fasching[3]. Dann aber sahen sie die Schreckensbilder aus China und Italien. Die Kanzlerin[4] sprach von der größten Herausforderung des Landes seit dem Zweiten Weltkrieg und ₁₀ beschwor die Solidarität der Bürger. Praktisch bedeutete das, Abstand[5] zu anderen Menschen zu halten und strenge Hygieneregeln[6] zu befolgen. Darauf war das Land schlecht vorbereitet: Es gab zu wenig

---

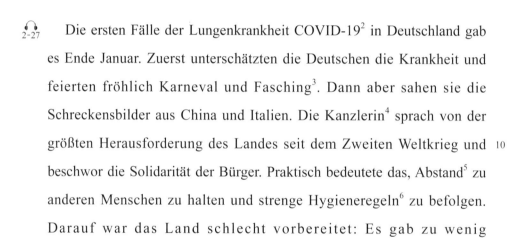

1　SARS-CoV-2「サーズ・コロナウイルス・ツヴァイ (severe acute respiratory syndrome coronavirus 2)」新型コロナウイルス感染症（COVID-19）の原因となるウイルスの名称。日本では新型コロナウイルスと呼ばれ、または新型コロナと略される場合もある

2　COVID-19「コヴィッド・ノインツェーン (coronavirus disease 2019)」。WHO（世界）が定めた正式な疾患名。日本では新型コロナウイルス感染症と呼ばれる

3　Karneval「カーニバル」、南独やオーストリアでは Fasching「ファッシング」と言う。キリスト教の断食期（復活祭の 46 日前となる灰の水曜日）に入る前にハメを外して祝う通俗祭。2020 年は 2 月 20 ～ 26 日に行われた。ドイツでは 2020 年 1 月 27 日バイエルン州で初の感染者が確認された

4　die Kanzlerin「女性連邦首相」。ドイツは 3 月 23 日からロックダウンを実施したが、それに先立ち Merkel 首相が 3 月 18 日テレビ演説で国民に呼びかけ、戦後最大の非常事態に団結を求めた

5　Abstand「距離」。他人との距離、即ちソーシャルディスタンスを保つよう指導された。ドイツ人は挨拶でハグする習慣があるが、それさえも極力避けるように言われた

6　strenge Hygieneregeln「厳しい衛生ルール」。咳やくしゃみをする時には口を覆う、定期的に徹底的に手を洗う、顔から両手を遠ざける、挨拶する時握手をしないなど、衛生上の注意が出された

Desinfektionsmittel und keine Mund-Nasen-Masken[7]. Diese hielt man

15 zunächst für unnötig, bald aber gehörten sie zu den wichtigsten

Maßnahmen. Das Virus breitete sich immer schneller aus.

Beim Stand von über 4000 täglichen Neuinfektionen trat am 23. März 2-28

der Lockdown[8] in Kraft. Er sollte verhindern, dass das Gesundheitssystem

überlastet wird. Jetzt gab es 22.672 bestätigte COVID-19-Fälle, darunter

20 86 Todesfälle. Das öffentliche Leben[9] stand still. Schulunterricht gab es

nur in digitaler Form, fast jeder Zweite arbeitete im Homeoffice. Die

Grenzen wurden geschlossen. Gleichzeitig wurden die Tests zum Virus-

nachweis kontinuierlich ausgeweitet. Die Wirtschaft brach dramatisch ein.

Die Regierung reagierte mit dem größten Hilfspaket[10] in der Geschichte

25 Deutschlands. Der Anstieg der Arbeitslosigkeit[11] ließ sich durch

Kurzarbeit[12] begrenzen.

Bitte beachten
Sie die
Maskenpflicht

---

7 Desinfektionsmittel「消毒剤」、Mund-Nasen-Masken「(鼻と口を覆う) マスク」。ドイツで Maske と言えば通常「仮面」のことで、衛生用マスクは全く流布しておらず、その効果についても懐疑的だった。今回生まれて初めてマスクを着用したドイツ人がほとんどだった

8 der Lockdown「ロックダウン、封鎖」。緊急事態により建物やエリアへの出入りが自由にできない状況を言う。ドイツは1日の新規感染者数が4千人を越えた3月23日全国的に緊急事態宣言を発令し、3密を避けるため学校、職場、商店など人が多く集まる場所への出入りを制限した

9 das öffentliche Leben「公共生活」。ロックダウンによる国家経済への影響は甚大で、2020年第1四半期（1〜3月）の経済成長率は前年比−2%、第2四半期（4〜6月）は−10.1%だった

10 das Hilfspaket「支援関連法案」。政府は感染拡大防止措置のために3533億ユーロ、国民の経済支援のために8197億ユーロの支出を決め、その財源確保に1560億ユーロの新規借財をした

11 die Arbeitslosigkeit「失業率」。4月の失業率は前年の5.1%から0.7ポイント増えて5.8%となった。5月6日にロックダウンを緩和し商店の営業を許可したが、5月は0.3%、6月は0.1%増加した

12 Kurzarbeit「短時間労働」。経済危機で従業員が労働時間の短縮と支払いに同意した場合、給与減少分の6割以上を国が補う政府の失業保険システムで、減給にはなるが失業を回避することができる

Anfang Mai lag die Anzahl der täglichen Neuinfektionen[13] unter 700. Jetzt wagten die einzelnen Bundesländer schrittweise Lockerungen. Die allgemeinen Kontaktregeln[14] blieben bestehen. Weil es nun vor allem lokale Ausbrüche[15] der Krankheit gab, beschlossen Bund und Länder, 30 dagegen regional vorzugehen. Bei der Nachverfolgung von Infektionsketten wurde ab Mitte Juni deutschlandweit die kostenlose Corona-Warn-App[16] eingesetzt.

Mit der Ferien- und Reisezeit stiegen im Juli und August auch die Zahlen wieder. Besonders Reiserückkehrer aus Risikogebieten[17] und 35 sorglos Feiernde spielten dabei eine Rolle. Bis Anfang September haben sich in Deutschland 243.599 Personen mit dem neuartigen Corona-Virus infiziert, davon sind 9.302 gestorben. Das deutsche Gesundheitssystem blieb bisher stabil. Aber ein ungewisses Winterhalbjahr[18] steht bevor und unser gemeinsamer Gegner ist noch lange 40 nicht besiegt.

Corona-Warn-App の
ロゴと表示画面の一部

---

13 die täglichen Neuinfektionen「1日の新規感染者」。Merkel 首相は第二波を恐れ自粛緩和に消極的だったが、1日の新規感染者の数が一時の5分の1に減り、閣僚の中でもこれ以上経済を停滞させられないという意見が強かったため、5月6日に商店の営業を許可した

14 die allgemeinen Kontaktregeln「一般接触ルール」。AHA-Regeln「アハルール」(Abstand halten「距離を保つ」、Hygiene beachten「衛生に注意する」、Alltagsmasken tragen「家庭用マスクを着用する」) を推奨し、感染拡大防止につとめるよう呼びかけている

15 lokale Ausbrüche「局地的な集団感染、クラスター」。たとえばサッカーリーグ Bundesliga は試合を中止したり無観客で行ったりした。各団体や地域ごとに細やかな対応策をとるようにしている

16 die Corona-Warn-App「コロナ警告アプリ」。陽性患者と濃厚接触した可能性があることを知らせる接触確認アプリで、2020年7月1日の時点で1400万人以上がダウンロードした

17 Risikogebiete「危険地域」。2020年10月時点で、欧州内ではベネルクス3国、フランス、スイス、オーストリア、チェコ、ポーランド、デンマーク、欧州外ではアメリカとトルコが挙げられている

18 ein Winterhalbjahr「冬の半年」。北半球では秋分の日 (9月22日)〜春分の日 (3月20日) まで。呼吸器系ウィルス感染症は乾燥した寒い気候に増加する傾向があり、冬に入って感染の拡大が心配される

2-31

2 Was das Virus den Deutschen gezeigt hat

Bisher ist Deutschland einigermaßen gut durch die Pandemie 2-32
gekommen. Was für eine Rolle hat der Föderalismus[19] dabei gespielt?
Infektionsschutz ist Ländersache. Skeptiker fürchteten, die föderale
Struktur könnte zu einem Durcheinander führen und die Umsetzung
5 notwendiger Maßnahmen behindern. Tatsächlich waren die
unterschiedlichen Regeln in den einzelnen Bundesländern verwirrend.
Aber weil sich das Infektionsgeschehen[20] regional sehr unterschiedlich
entwickelte, war es ein Vorteil, dass Länder und Kommunen unabhängig
und dezentral darauf reagieren konnten.

10 Genützt hat den Deutschen auch ein Werkzeug für Krisenzeiten[21], das 2-33
als deutsche Erfindung gilt: die Kurzarbeit. Wenn vorübergehend in den
Unternehmen nicht oder nur wenig gearbeitet werden kann, dann
übernimmt der Staat einen großen Teil der Gehälter und Sozialbeiträge[22].
Damit konnten viele Entlassungen[23] vermieden werden.

---

19 **der Föderalismus**「連邦制」。ドイツは１６の連邦州からなる地方分権国家で、各州の自治権が非常に
　強い。今回の問題でも大枠の対応策は連邦政府が決めたが、実際に実行に移したのは州政府で、状況に
　合わせて迅速に対処でき、他国から高く評価された

20 **das Infektionsgeschehen**「感染状況」。たとえば Bayern や Nordrhein-Westfalen は感染率が非常に
　高いが、Mecklenburg-Vorpommern や Sachsen-Anhalt は低く、州によって大きく異なっていた

21 **Krisenzeiten**「危機の時代」。Kurzarbeit はドイツ帝国が国営企業の人員削減を行った際に初めて導入
　した。その後も景気後退で経済危機に陥るたびに短いスパンで運用されている。今回はこの短時間労働
　給付金のみならず、国民、子ども、個人事業主、芸術家にも一時支援金が給付された

22 **die Sozialbeiträge**「社会保険金」。ドイツの社会保障制度は医療・年金・失業・労災・介護保険の5
　つの柱からなり、雇用者がその半額を負担する。Kurzarbeit は雇用者が払うべき賃金・社会保険金を国
　が援助することで倒産や人員削減を回避し、雇用を確保することを目的としている

23 **Entlassungen**「解雇」。連邦労働庁によると、2020 年 8 月の時点でコロナ禍により職を失う危険に陥
　った 210 万人が、Kurzarbeit によって失業を回避できたという。さらにドイツ政府は、依然として 1
　日の新規感染者の数が増加している現状から、この短時間労働給付金の適用を 2021 年末まで 1 年延長
　した

2-34 Eines haben die Deutschen in der Krise gelernt: Im Fach 15
Digitalisierung[24] müssen sie Hausaufgaben machen. Schulen, öffentliche
Einrichtungen und viele Unternehmen waren nicht darauf vorbereitet,
schnell auf die digitale Spur zu wechseln. Es fehlte an der Infrastruktur, an
der nötigen Weiterbildung und an Konzepten[25]. Das Thema
Datensicherheit[26] ist den Deutschen besonders wichtig. Diskussionen 20
darüber verzögerten aber zum Beispiel den Start der Corona-Warn-App.
Die Coronakrise wird wohl die Digitalisierung im Land vorantreiben.

2-35 Die Pandemie war auch ein Stresstest[27] für die Demokratie. Immerhin
waren die Maßnahmen zum Schutz vor dem Virus gleichzeitig eine
Beschneidung der Grundrechte. Immer wieder demonstrierten Gegner der 25
Corona-Regeln. Verschwörungstheoretiker, Impfgegner und
Rechtsextreme[28] schlossen sich den Protestveranstaltungen an.

---

24 Digitalisierung「デジタル化」。ドイツでも 3 月 23 日～5 月 6 日のロックダウン期間は学校が閉鎖と
 なり、IT 一斉授業になったが、突然の措置で準備が全くできておらず、教育関係者を慌てさせた

25 die Infrastruktur「インフラストラクチャー」、die Weiterbildung「研修」、Konzepte「構想」。ハ
 ード設備を整え、操作の仕方を覚え、やりながら授業の構想を立てねばならず、大混乱になった。州に
 よって異なるが、その後マスク着用、定期的な換気などを義務づけて対面授業が再開されている

26 Datensicherheit「データ保護」。ドイツでは昔から個人情報保護の規制が厳しく、「コロナ警告アプリ」
 の導入も一時は危ぶまれたが、「悪用はしない」という信頼関係に基づき州ごとに決議した

27 ein Stresstest「ストレステスト、耐久試験」。通常以上の負荷をかけて正常に動作するか、隠れた欠陥
 がないかを調べるリスク管理手法の一つ。政府の感染拡大防止策に反対する人々とどう折り合いをつけ
 るのか、今回のコロナ禍は言論の自由を認める民主主義国家の真価を問う結果となった

28 Verschwörungstheoretiker「陰謀理論家」、中国とロシアが EU 諸国を攻撃するためコロナウイルス
 を作為的に培養したという陰謀説が流れた。Impfgegner「ワクチン接種反対者」、わざと病気を接種
 して免疫をつけるのは悪魔の所業だとして主に宗教的理由から予防接種に反対する。Rechtsextreme
 「極右」、ドイツ国民の税金で外国人居住者にも一時支給金を出す政府の感染防止策に抗議している

Hygienevorschriften[29] wurden oft bewusst ignoriert. Die zunehmend aggressiven Proteste waren schwer auszuhalten. Aber der Rechtsstaat
30 funktionierte: Gerichte entschieden, dass eine Großdemonstration in Berlin[30] nicht vorsorglich verboten werden durfte. Die Meinungs- und Versammlungsfreiheit[31] blieb gewährleistet. Erst als tatsächlich wieder Regeln und Vorschriften missachtet wurden, wurde die Kundgebung[32] aufgelöst.

35   Eine große Mehrheit der Bevölkerung unterstützt die Krisenpolitik der 🎧 2-36 Regierung. Das Vertrauen der Bürger in die politischen Institutionen[33] ist sogar gestiegen. Ob diese Haltung eine zweite Infektionswelle[34] überdauern wird, kann niemand mit Sicherheit sagen.

8月29日のデモで、警官と
対峙する参加者

---

29 Hygienevorschriften「衛生規則」。政府の衛生指導を意図的に無視し、多くの人が集まるパーティーや集会が企画された。さらに参加者たちはマスクの着用を拒否した

30 eine Großdemonstration in Berlin「ベルリンの大規模デモ」。ベルリン市議会は8月29日に計画された政府のコロナ感染防止策に反対するデモの開催拒否を決定し、警察が禁止令を出した

31 die Meinungs- und Versammlungsfreiheit「言論・集会の自由」。デモの主催者たちがベルリン・ブランデンブルク上級行政裁判所に提訴し、民主主義を唱える法治国家では言論・集会の自由が認められているとして、デモ禁止の撤回を命ずる判決が出された

32 die Kundgebung「政治集会、デモ」。午前中1万8千人がブランデンブルク門前に集まったが、ソーシャルディスタンスを保ちマスクを着用するよう警察が再三勧告したにもかかわらず守られなかったため強制的に解散させられた。複数の抗議デモには約3万8千人が参加したとみられる

33 die politischen Institutionen「行政機関」。ZDF（ドイツ第二放送）のPolitbarometer（政治アンケート調査）によると、2020年9月の段階で国民の大半が政府の感染防止策を支持している

34 eine zweite Infektionswelle「感染第二波」。10月中旬1日に7830人の新規感染者が確認されて5日連続で前日を上回り、11月2日から1か月緊急の部分的ロックダウンが行われることになった

Übungen

I 次の動詞の 3 基本形を書きましょう。

(1) stillstehen　(2) besiegen　(3) verbieten　(4) missachten　(5) steigen

II 下線部の動詞を、使われている時制で人称変化させましょう。

(1) Jetzt <u>wagten</u> die einzelnen Bundesländer schrittweise Lockerungen.

(2) Das deutsche Gesundheitssystem <u>blieb</u> bisher stabil.

(3) Der Staat <u>übernimmt</u> einen großen Teil der Gehälter und Sozialbeiträge.

III 次の名詞句を 1 〜 4 格まで変化させましょう。

(1) ein gemeinsamer Gegner　　　　(2) die täglichen Neuinfektionen

(3) die einzelnen Bundesländer　　　(4) eine zweite Infektionswelle

IV 下線部に適切な前置詞を補いましょう。

(1) Auch Deutschland erlebt die Coronakrise ＿＿ seine Weise.

(2) Merkel sprach ＿＿ der größten Herausforderung des Landes nach dem Krieg.

(3) Am 23. März trat der Lockdown ＿＿ Kraft.

(4) Länder und Kommunen konnten dezentral <u>dar</u>＿＿ reagieren.

(5) Schulen waren nicht <u>dar</u>＿＿ vorbereitet.

V 本文の内容と一致しているものに✓をつけましょう。

☐ (1) Die ersten Fälle von COVID-19 in Deutschland gab es Ende Januar.

☐ (2) Am 23. März trafen sich über 4000 Demonstranten in Berlin.

☐ (3) Im Juli und August fielen die Zahlen der täglichen Neuinfektionen.

☐ (4) Die Kurzarbeit wurde in Deutschland erfunden.

☐ (5) Die einzelnen Bundesländer haben keine Versammlungsfreiheit.

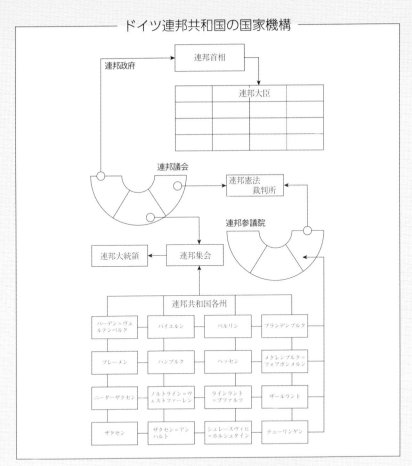

ドイツ連邦共和国の国家機構

連邦政府
連邦首相
連邦大臣
連邦議会
連邦憲法
裁判所
連邦参議院
連邦大統領
連邦集会
連邦共和国各州

バーデン＝ヴュ
ルテンベルク
バイエルン
ベルリン
ブランデンブルク

ブレーメン
ハンブルク
ヘッセン
メクレンブルク＝
フォアポンメルン

ニーダーザクセン
ノルトライン＝ヴ
ェストファーレン
ラインラント
＝プファルツ
ザールラント

ザクセン
ザクセン＝アン
ハルト
シュレースヴィヒ
＝ホルシュタイン
テューリンゲン

ドイツの国家機構

　ドイツ連邦共和国は16の州からなる連邦国家で、各州が強い自治権を持ち独自の行政を行っていますが、外交や国防など国全体で決めなければいけない領域では、連邦が立法権を持っています。国会は連邦議会と連邦参議院の2院制で、連邦議会は国民の直接自由選挙で選ばれ、連邦参議院は各州の代表によって構成されます。総ての法案は連邦議会で審議され、各州の利害に関わる法案については連邦参議院の同意が求められます。連邦議会から連邦首相が選ばれて組閣名簿を作成し、連邦閣僚が選ばれます。閣僚を任命する連邦大統領は、政治の実権はありませんが、国家元首として国を代表します。5年に一度連邦議会議員、ならびに同数の各州議会代表を召集して連邦集会が開かれ、選挙で選ばれます。連邦と同じように各州でも、州民の直接自由選挙で州議会議員が選ばれ、州首相と州閣僚からなる州政府を形成します。

　連邦議会・州議会の選挙は小選挙区・比例代表併用制で、有権者は2票を持っており、第1票は個人名、第2票は政党名を記入します。各小選挙区で最多票を獲得した候補は、候補者名簿の何位にいても当選します。さらに小党分立を避けるために5％条項が設けられており、有効票数の5％、ないし3選挙区以上でトップ当選者を得られなかった党は第2票の議席配分をうけられません。政治は個人では動かせないという考えが浸透しているのと、1920年代にあまりに多くの少数政党が乱立し、強力な安定政権が生まれなかったために、結果的にナチの台頭を許してしまったという反省から、1953年の連邦議会選挙から導入されました。

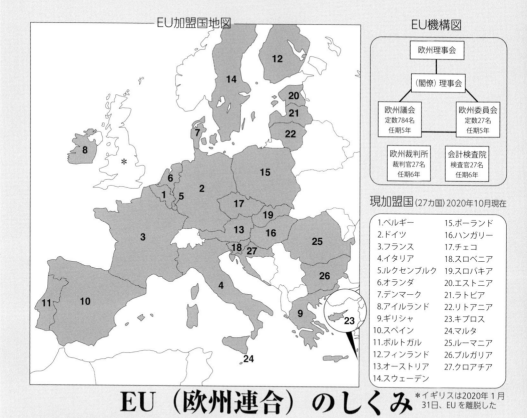

EU加盟国地図

EU機構図

EU（欧州連合）のしくみ

*イギリスは2020年1月31日、EUを離脱した

　「欧州諸国は国ごとに繁栄を保証するにはあまりに小さすぎるため、経済共同体を取り込んだ一種の連邦を成すべきである」というフランスのジャン・モネの提唱で、戦後ヨーロッパの石炭と鉄鋼の生産を管理する欧州石炭鉄鋼共同体（ECSC）が1952年に設立されました。これが後に欧州共同体（EC）に発展しますが、第7代EC委員長のジャック・ドロールが、経済面のみならず政治面でも意見を統一する欧州統合計画を発表。「どこに住むのも、どこで働くのも自由なヨーロッパ」を目指して1992年に12カ国がマーストリヒト条約に調印し、欧州連合（EU）が誕生しました。EUの旗に12の星がついているのはこの時の加盟国の数を示しています。各国の思惑が錯そうして困難を極めた統合計画でしたが、欧州共通通貨ユーロを導入すると一挙に加速。EU加盟国は28カ国となり、ユーロを導入している国も19カ国に増えました。しかしイギリスが国民投票でEU離脱を決定し、2020年から加盟国の数は27カ国になっています。

　EUの最高協議機関は欧州理事会で、各国首脳とEU委員長が出席して通常年4回開かれ、EUの一般的政治指針や共通外交安全保障政策を話し合います。具体的な議案の立法決定権は閣僚理事会にあり、議案に関連する分野の各国閣僚たちが随時集まって協議します。議案を提出し、理事会の決定を執行するのが欧州委員会（EU委員会）。委員の任期は5年で、各国から推薦されます。欧州議会は、EC時代には理事会や委員会に助言を与える諮問機関にすぎませんでしたが、EUになってから権限が強化され、幾つかの特定分野では閣僚理事会と共同で立法決定権を持つようになりました。理事会の議長国が交替する時も欧州議会で就任式が行われます。事務局はルクセンブルクにありますが、本会議は毎月1週間ストラスブールで開かれます。議員は各国を一つの選挙区とする加盟国民の直接選挙で選ばれ、任期は5年です。国別ではなくその議員が所属する政党の志向別に会派を組織し、社会党、欧州民衆党＝キリスト教民主グループ、欧州民主党、共産党、欧州進歩民主党などがあります。

表紙デザイン：
　駿高泰子（Yasuco Sudaka）
本文図（Kapitel 1, 3）：
　駿高泰子（Yasuco Sudaka）
写真提供：
　表紙　EPA/ 時事
　Kapitel
1 p1 左 右 , p2, p6、2、5 左、6、7、8、9、10、11：dpa/ 時 事 通 信 フ ォ ト　**1 p7**：AFP ＝ 時 事　**4**：
Shutterstock.com

時事ドイツ語2021年度版

検印 省略	©2021年 1 月 15日　初版発行

著　者　　Ａｎｄｒｅａ　Ｒａａｂ
　　　　　石　井　寿　子

発行者　　原　　　雅　　久

発行所　　株式会社朝日出版社
　　　　　101-0065　東京都千代田区西神田3-3-5
　　　　　電話直通（03）3239-0271/72
　　　　　振替口座 00140-2-46008
　　　　　http://www.asahipress.com
　　　　　組版／印刷・信毎書籍印刷株式会社

ISBN978-4-255-25438-8　C1084